カウンセリングは専門職である

氏原　寛

人文書院

まえがき

いつも通りの「まえがき」を書こうと思って、ふと考えた。この年になってなぜ本を出したがるのだろうか、と。もちろん読んでほしい。しかしなぜそうなのか。私はカウンセラーとして五〇年を過してきた。人に言う程に変わりばえする人生ではない。そういう私がこんな風に生きてきたことを知ってほしいのである。なぜか。おそらく共存在である仲間の人間とそんな形で触れあいたい。それにょって、そうでなかったらいつまでも顕在化しないであろう私の中の未発の可能態を開きたいからである。人間はおそらく群れを作る動物である。それは共人間として相互に関わることを通してはじめて「生き」られるようにつくられている（と思っている）。そういうことをカウンセリングの実践を通して感じてきた。だからカウンセリングという経験は、もちろん「クライエントのため」のものであるが、それによってカウンセラーがおのれに開かれることがなければ、クライエントの開かれることもない、したがってクライエントにとって意味ある経験につながりにくい、と思う。

本書におさめた六編の文章は、それぞれが違った状況で書かれた。以上に述べた私のありようが、それぞれの場でどのような形で顕在化しているのか、を示すためのものである。すべての文章がそういう背景を踏まえながら、違った相を見せている。そこで以下に、各章についてそれらがどのような状況で生まれてきたかについて、これは、ありきたりの「まえがき」に近い形で簡単な紹介をしておきたい。

まず第1章「カウンセラーは専門職である」は、ここ数十年にわたって機会あるごとに発言してきたことである。カウンセリングは専門的な心理援助職の仕事である。素人のできる仕事では決してない。それがボランティアの提供する心理援助サービスとほとんど変わらなくなってきている。それはカウンセリング・マインドさえあれば誰でもカウンセラーになれるという、一部の指導的立場にある人たちさえも現在しばしば口にされる、誤解によるところが大きい。いま問題になっている国家資格の問題が、一見落ち着きそうな気配を漂わせながら、まだまだ当のカウンセラーたちの間でさえ意見の一致のみられないのは、すべてその専門性が明確に定義されてないところに原因がある。

本章では、昭和三〇年代はじめの第一次ロジャーズ（カウンセリング）ブームのころまでさかのぼって、こうした問題について、現に臨床心理士の資格を有する人たちおよびこれからとろうとしている人たちに、その間の経緯をより一層理解していただくことを願って執筆されている。

ついで第2章「現代若者論」を五年前に書いた頃の感覚からみて、今の若者たちはその頃の若者からさらに変わっている気がする。にもかかわらず、敗戦時一六歳で、復興期からバブルがふくれやがてはじける時そして現在の閉塞期をつぶさに経験してきた私と、いま授業や研究室で接する若者たちがそれほど違った感じ方考え方をしている、とは思いにくい。

本章の内容は、バブル期のあだ花ともいうべき、永遠の少年（いわゆるモラトリアム人間）から、パラサイト、ニート、さらにひきこもりに至る若者たちの姿を、むしろ、悪しき時代に対する青年たちの、かなりの程度当然ともいうべき異議申し立て、としてとらえたものである。ただしそれが次第に暗く、かつ方向感が見失われつつあるのではないか、という危機意識がある。

ただはじめに述べた、現在もかなり近しくつきあっている若者たちとの感触からは、私たちの若かりし頃の心性と本質的にそれほど変わっている、とは思えない。とくに比較的若い方たちのご意見なり感想をうかがいたいところである。

それから第3章「我と汝」。平成二三年に『心とは何か』という、おそらく私にとって最後の書き下ろしの本を出版することができた。しかし書き終わってから、もう少し書き足さねばならないという気持ちが残った。それを何とか書き上げたのが本章である。私のカウンセリング論の中核部分の一つをなしている、と考えてもらってよい。

三人称的なカウンセラーという役割を通して一人称的自分をどう生きるか、が長い間のカウンセラーとしての私の課題であった。それがクライエントとの二人称的関係を媒介としてなし遂げられるのではないか、というのがこの論文の主旨である。もちろんブーバーの「我と汝」関係が念頭にある。しかし私の場合、なんといっても宗教的背景が弱い。その分できるだけ心理学的次元におきかえようと試みた。当然かなり思弁的であるが、お読みいただければ分かるように、すべて実践的背景をもっている。カウンセリングの実践はやはり相当な思弁に裏付けられねばならない、と思うのだがいかがであろうか。

次が第4章「心に関する三つの話題」。もともとは佛教大学で平成二五年一〇月一三日に行った教育講演である。しかしその話のメインである第一節を大幅に書き変えた。人間の子どもには、生まれたときから母親から離れようとする傾向がある。もちろんそのための身体的成長があってのことである。しかし、母親から離れると当然赤ん坊は不安になる。だから不安が大きくなればいつでも戻れる基地としての母親の懐がいる。その安心感のある限り子どもはできるだけ遠くへ行こうとして、それが達成感ないし自信となり母親をも喜ばせることになって、子ども本来の成長欲求がみたされ自立が促される。

他方、同じ働きが母親にもあって、そのきずな感の確かさの程度に応じて子どもから目を離すことを可能にする。このきずな感のゆれをめぐって母と子は次第に成長していくのである。本章は、その間の微妙なプロセスをマーラーの分離個体化説を背景としながら、北原白秋の詩「金魚」の分析を通じて展開したものである。子どもと死について、「漱石の悪妻論」をめぐって夫婦の中年についても論じてある。

次の第5章「河合隼雄先生の思い出」は、私にとって思い入れの深いものである。分析を受けている間、私にはそのことの意味がほとんど分かっていなかった。本文でお分かりのように、その意味が曲りなりにも少し感じられるようになったのは、分析を受けられなくなってからである。ただし意味そのものは、多分、私の気づかぬうちに私の体にしみ通っていたのでは、と思いたい。にもかかわらず先生は、ある時（何年前であったろうか）、この分析の体験を本にしてみないか、と何度か薦めて下さった。食指は動いたが意味も分かっていない私に、とてもまとめる用意はなかった。もじもじする私の様子から、時期尚早とお分かり下さったのであろう。

本章がその代わりというのではない。それが書けるためには、カウンセリングについてもっと分からなければならない。正直、この程度のことが今の私が先生について書ける精一杯のところなのである。忸怩《じくじ》たる思いとともに少しホッとした感じがある。

おしまいが第6章「山中康裕先生との対談」で、平成二三年一一月一二日に行った山中先生との公開の対談である。百人を超える人びとがおられたが、その場の雰囲気に乗せられて思わずふだん喋らないようなことまで喋ったようである。今回、先生の主宰される研究誌からの転載をお願いしたところ、快諾していただいた。あらためて感謝の意を表したい。

内容はお読みいただければわかることであるが、私がどういういきさつでカウンセリングの世界に入ってきたのかとか、したがって素人出身のいわばディレッタント的なところがなかなか抜けていないとか、その立場から見て、玄人として早くから訓練を受けてきた人たちがその割に十分の努力をなさっていないのではないかとか、そこまで言っていいのかと思うことまで喋っている。しかしそんなことをもっと多くの人に知ってもらいたい気持ちもあり、あえて本書に収録した。

終わりまでお読みいただければ（それだけでも私としては大変嬉しい）分かることであるが、〝文章〟としては一応終わりとなっているが、内容的にはまだまだこれからと思っている。それほどにこの道は遠い。したがってできればさらに実践と〝思索〟を重ね、その〝成果〟を問いたい気持ちがある。ロールシャッハについても言いたいことがある。いままで発言してきたことを踏まえた上で、である。同時に、それらがまず不可能であることにも気づいている。にもかかわらずその気持ちがあることが、私にとって大きな支えであることも知っておいてほしい。

おしまいにこうした地味な本の出版をお引き受けいただいた、人文書院に厚く御礼申し上げる。また大変厄介な編集の仕事を実にスムーズに仕上げられた上、それ以上に内容的にも示唆に富む助言を与えていただいた井上裕美氏に心より感謝したい。

平成二六年三月二二日

氏原　寛

目次

カウンセリングは専門職である

I

第1章　カウンセリングは専門職《プロフェッショナル》である

はじめに

本稿は、比較的若い心理士の方たちのために書く。カウンセラーの専門性について、である。現在の臨床心理士で、プロになるだけの自信とそれを裏づける実力を備えている人は意外に少ない。いままでにもそれについては何度か発言してきた。供給が需要をはるかに上回っていることもあるが、その他にも制度的な面での不備が多すぎて、すべてを個々の心理士の責任に帰しがたい事情がある。しかしそういうことをいっても始まらないので、われわれに確かな力がなかなか身につかない事情が、そもそもカウンセリングがわが国に導入された当初からある種の必然性をもって存在していたこと、を述べておきたい。そうした状況が背景にあると承知しておくことが、だから何をやってもダメなんだということではなく、だからこそ相当な気合いを入れなければ、と覚悟を新たにしてくれることを期待してのことである。現在、かりに臨床心理士の資格をとっても、かなり厳しい状況をいくつも乗りこえねばならない、と思うからである。

一　カウンセラーの役割

専門家とは、その人でないとできない、ユーザー（われわれの場合にはクライエント）にとって不可欠のサービスを提供する人、を指す。比較的最近、若い臨床心理士に、専門家として必要な条件は何か、と問いかけてみたことがある。ほとんどの人が、受容、共感、純粋さを身につけること、と言い、そのためひたすら傾聴することを心がけている、と答えてくれた。お分かりのように、これはロジャーズのいわゆる三原則である。カウンセラーとしての必要十分条件のうち、とくに実践に関わるものとされている。

しかし考えてみれば、日常場面でも共感的な人はかなり多い。大抵の母親は、自分の子どもに対して多かれ少なかれ受容的である。ウィニコット（一九七七）は、まあまあの、ということは大抵の母親は、子どもがそこそこに育つのに必要な程度の受容性を備えている、と述べている。豊かな共感性に恵まれた学校の先生や近所のおばさんを思い出せる人は少なくない。もちろんそれらに乏しい人も沢山いるし、同じ人が時と場合によって温かくも冷たくもなったりする。純粋さについては、定義次第で内容がいろいろ変わるが、裏表のない誠実な人たちには日常場面でよく出会っているのではないか。ひたすら傾聴することにしても、いわゆる聞き上手といわれている人が親戚や知人の間にいて、周りに和やかな雰囲気をかもし出していることは少なくない。

要するに受容とか共感とか純粋さは、日常どこにでもみられる、いわゆる気立てのよい人たちの自然に身につけている性格で、そういう人たちの何気ない振舞いがいろんな場面で潤滑油的な役割を果している。時にそれが〝治療的〟といってよい程に人びとを元気づけることはあるにしても、それを専門家の仕事とはいえないのである。精神科医の神田橋條治（二〇〇六）の「人柄はよくなくても腕の立つ医師の方が、人柄はよいが腕がもう一つの医師よりも、患者のためにははるかに役に立つ」ということばは、専門家は専門家ならではの腕を磨いておかねばならない、という意味である。したがって私に答えてくれた若い心理士たちは、人柄のよさをロジャーズの三条件に当てはめて述べただけであり、専門家の条件については何も答えたことになっていない。

さらにいっておきたいことは、同じ共感とか純粋さについても、その表れ方がお互いの役割関係に大きく左右されることである。以前にも書いたことであるが、「あすこの親子、まるで夫婦のように仲がよいね」とか聞かされると、誰しも首をかしげるのではないか。夫婦には夫婦ならではの仲のよさがあり、親子には親子だからこその仲のよさがある。「仲のよさ」とは何かと聞かれれば、われわれには即座にピンとくるものがあり、その感じは大体においてみんなに共通しておりめったにズレることはない。しかしその表れ方は、そのつどのお互いの役割によって大いに異なる。

カウンセラーならずとも、誰に対しても同じように温かくしたいと思いがちであるが、実際問題としては不可能である。たとえば隣の奥さんといくら仲よくなっても構わないが、それはあくまで隣人としての役割を踏まえた上のことである。それを越えて仲よくなることは逸脱行為であり、隣人関係を破壊する。カウンセリング関係で時に生じる、あるいはつきものの、悪しき転移・逆転移が同じような逸脱行為でありカウンセラーの役割放棄につながることは、心理臨床家なら誰しも承知しているはずである。だからロジャーズの三条件についても、それを一般論として日常の人間関係に当てはめるのはよいが、カウンセリング関係ではそれが特異な表れ方をすることを心得ておかねばならない。その特異性がカウンセラーならではの専門性なのである。先にあげた若い心理士たちは、そのあたりの重要な相違点を考えることなく、一般論でカウンセラーのありようを把えたつもりになっており、その限りボランティアレベル、つまり素人の域を出ていない。

ところで、人間関係とはすべて社会的な役割関係であり、親子関係であれ夫婦関係であれ、時代により地域により、そこで期待されている役割はかなり違っている。いわば人工的な作られた相対的な約束ごとであり、それぞれの社会でそれなりに生きてゆく時に守るべき不自然な形式、ルールなのである。それに対応するのが人間に生まれつき備わっている動物的本能である。これは満たされねばならない。単に個体の欲求を充足するにとどまらず、種属保存に不可欠の営みでもあるからである。ただし集団の崩壊をもたらすような恣意的行動を個体に許すわけにはゆかない。動物たちの間でさえ、種属保存のためのルールのごときものがあり、ルールに従うことのできぬ個体は排除される。役割とはだから、共同体の成員の本能（性衝動に限らない）を満たしながら、共同体の崩壊を守るための制度としての意味をもつ。群れを作る動物（人間もそうである）は群れあってこそ個々の成員の生活が保証されるから、共同体との同一化が強く、個体意識の芽生えるのはかなり後のことであるにしても、である。

いずれにしろ本能的な衝動とは内なる生命力の表れであるから、それが満たされぬ場合、われわれの生活は一挙に生気を失う。だからわれわれは、不自然な役割を通して自然な衝動を生きなければならなくなった。しかし社会が複雑化し各個体の欲求が多様化するにつれ、共同体を維持するためにより複雑なルールが必要になる。その明文化されたものが法律であり、日常レベルで暗黙のうちに合意されたものが慣習的な役割なのである。だから役割とは、本来欲求充足のための手段であった。両者は相反的な面を含みながら、そこから生じる緊張を保ちつつ、だからこそ相補的な意味あいを多分にもっていた。

それは現在でもいえることである。しかしそれについては、四でさらに詳しく考える。ここではタテマエとしての役割とホンネとしての衝動の二律背反が、必ずしも相反的とのみはいえないことを指摘するにとどめておく。

本節ではまず、比較的若い臨床心理士たちが、受容、共感、純粋さを身につけることをプロとしての目標、としていることを述べた。しかしそれだけでは、日常的人間関係における人柄のよさについていっているのと変わらないこと、また同じ人でも時と場合によって、また相手によって人扱いが微妙に変わることを説明した。しかしプロとしてのカウンセラーは、その人でないとできない、クライエントには不可欠のサービスを提供できなければならない。受容、共感、純粋さとは、ロジャーズの指摘をまつまでもなく、カウンセラーが身につけるべき不可欠の条件である。しかしそれは、カウンセラーにしかできない受容であり共感でなければならない。誰しもが日常場面で発揮できるレベルにとどまってはおれないのである。それは、このクライエントに対するこのカウンセラー、つまりこの私の、特異な受容、共感、純粋さでなければならない。そのような特異性についての吟味が、従来のカウンセラーに欠けていたのではないか。あえていえばロジャーズの三条件がタテマエのレベルでうけとめられており、ホンネとして、ということは経験的に、確かめることが怠られてきたのである。ただしそこには無理からぬ歴史的背景がある。そこで次節では、それについて述べることにする。

二　カウンセリング・ワークショップ

昭和三〇（一九六〇）年代の半ば頃から、わが国に第一次ロジャーズ（カウンセリング）ブームといってよい現象が起こった。それに油を注いだのが、友田不二男たちによって催されたロジャーズ流のカウンセリング・ワークショップである。それが、日本中のあちこちで催された。現在も行われているベーシック・エンカウンターに近いグループワークである。各地で毎年二〇〇人位の参加者があったのではないか。かなり記憶が薄れているのだが、一週間か四泊五日位のスケジュールであった。私は高野山で行われた関西での第一回から数回続けて参加した。このごろのエンカウンターはそうでもないらしいが、当時は参加者のほとんどが初対面であり、会が終わると二度と会うことはまず考えられなかった。しかもワークショップ自体はそれぞれ一〇人くらいのグループに分かれ、朝の九時から夜の九時まで、何回かの休憩はあるにしろ膝つき合わせて話しあうのだから、当初のぎこちなさはあるにしろかなり濃密なグループ体験ではあった。ベーシック・エンカウンターの経験者なら分かるであろうが、ここで奇妙な現象が起こる。

それが「遠くて深い」関係である。先に述べたように、初めて会って何日間は共にしても、解散すればもう会うことのない人ばかりである。だから現実的な利害関係がほとんどない。われわれには、近い関係にある人とは近しいがゆえの微妙な利害関係があり、そのために多かれ少なかれ秘密をもっている。秘密をもつことはその人との距離を保つことであり、それが相手に呑みこまれることを防ぐ。だからたとえば、友だちはみんな知っているけれども親だけは知らない秘密がある。逆に家族は知っているが友だちは誰も知らない秘密もある。それによって家族の一体感が保たれている場合もある。お互いを配慮しあうからこそ、その相手にあえて洩らしてはならぬ秘密もある。しかしワークショップでは、ある意味で旅の恥はかき捨ての気楽さがある。しかも一方で濃密な関係がある。そこでちょっと熱心に聞いてもらうことがあると、今まで誰にも言わなかった秘密を思わず洩らしてしまったりする。しかもそれがさらに真剣に受けとめられると、それまで抑えに抑えてきた気持ちが溢れ出して止まらなくなることさえある。さらにそこまで「受容」されると、生まれてはじめて安らいだ気持ちに満たされる（と思う）ことが起こる。

自分だけの秘密をもち続けることは、むしろ怖ろしい体験である。王さまの耳がロバの耳と知った理髪師は、秘密の重みに耐えかねて病気になってしまった。秘密をもつことは相手との距離を保つことだ、と述べた。それによって、相手に対する自分の立場の確かめられることがある。しかしそれは、自分の内に壁を作りあえて他者を距てているのだが、体験的には他者から距てられ自分だけ壁の外側で孤独に耐えることでもある。だから他者に秘密を洩らすことは、相手が誰であれその壁がうち破られ他者とつながるのだから、今こそ自分が世界に開かれている、という感覚を伴う。それがグループでの経験となると、世界に包みこまれ受けいれられているという実感が生じやすい。そして今まで自分が世界とだけではなく「本当の自分」からいかに距たってきたか、つまり偽りの人生を生きていたこと、逆にいえば、いまこそ「本当の自分」を生きている、とする感覚に捉えられやすい。だからこうした体験を、かなり表層的なものでありながら（またそこが重要なことでもあるのだが）、カウンセリングの疑似体験と思いこむ理由は十分にある。

私自身は、何回かこうしたワークショップに参加してみて、なかなかそういう体験を得ることができなかった。しかしグループの集りが何回か重なってくると、グループ内にそういう体験をしているらしい人が何人か出はじめる。グループ内での発言が実にスムーズになり、共感性も受容性も一段と高まって、まるでその頃私たちが考えていた理想的なカウンセラーみたいな態度になってしまうのである。それが演技ではなく明らかに本人の「純粋さ」と感じられるので、羨しく思ったり焦ったりもしていた。

一度、茨城県の大甕《おおみか》で遠藤勉主宰のグループに参加した時、バカに物言いが楽になってやっとそういう境地に達したか、と思ったことがある。帰り、東京駅で偶然知人に出会った時もその感じに変わりはなかった。多分、一種の躁状態ではなかったか、と思う。大阪に帰ってからも、翌日、近所まで来たのでちょっと寄りたい、という友人からの電話を受けた時、いつもならこっちの気分にお構いなく「どうぞ、どうぞ」と言うところを、少し都合が悪かったので「またの時にしてくれ」と断わった。その時も、相手の気分を損うことなく（とこっちが思っただけかもしれない）あっさり言えたのにわれながら驚いたりもした。残念だったのは、二、三日するとその気分がだんだん薄れていって、一週間もすると「あれは一体何だったのか」と、元の木阿弥にかえってしまったことである。日常の近しい関係にとりこまれると、いつの間にか日常的配慮の網の目に絡めとられて、ワークショップでの〝貴重な〟体験が雲散霧消したのであろう。似たような経験をした人は他にもいたらしく、ワークショップ体験のある人で、だから毎年忘れた感覚をとり戻すために来ています、と言う人が何人もいた。

参加者は教員、とくに中学校の先生たちが多く、ついで会社の人事担当者などで半数以上、それに看護婦（当時の呼称）、主婦などが混じっていた。医師はめったになく、大学教員が少数いた。もっともそういう人は世話人（エンカウンターグループのファシリテーター）として参加しており、一般の参加者とは別格扱いだった。教員や人事担当者の多かったのにはわけがある。というのは、その頃文部省が、中学校にスクールカウンセラーを配置しようとする案をもっていたらしいのである。夜、同じ部屋で眠った何人かの先生たちが、帰ったらカウンセリングルームを作らねばならない、それにしてもこんなことで校長にどんな報告書を書けばよいのか困っている、などと言っておられたからである。私はその頃大阪市の教育委員会に属する教育研究所の教育相談担当の所員になったばかりであり、その年の三月までは高校教師であった。入所して一か月もすると、実際の相談をやらされた。研究所にはすでに相談係がおかれており、ロジャーズの枠組みによる教育相談が何年か前から熱心に実践されていた。全国の教育研究所にも同じように教育相談係がおかれて、全国的な研究組織もできていた。

十分な情報がないので正確なところは分からないが、その頃はまだアメリカ占領軍の意向が教育行政にも色濃く反映しており、ガイダンスの一環として学校にカウンセリングを導入する計画が進んでいたのではないか。各地の教育研究所で教育相談が行われていたのは、カウンセリングが、教員たちによって行われうるかどうかの実験的試みであったように思う。だからわれわれは教育委員会のカウンセラーとして、少しでも早く一人前のカウンセラーになることを期待されていた。

同じような状況がおそらく産業界にも生じており、カリフォルニア（あるいは東部のどこか）のホーソン工場の人事管理の報告書（われわれ教師カウンセラーまで読まされた覚えがある）などがあって、企業の人事管理にロジャーズ風のカウンセリングを導入することが上からの指導によって行われていた可能性がある。だから初期のカウンセリングはこうした、心理学、ましてやカウンセリングにはズブの素人たちによって担われていたのである。ただしワークショップに世話人として参加した大学の先生たちも、実践的にはわれわれ素人集団と大差なく、その後もどちらかといえばリサーチ志向性が強く、それがカウンセリング界における大学アカデミズムと現場の実践家との乖離を生み出す原因の一つとなった（と思われる）。

三　カウンセリング・マインド

カウンセリング・マインドということばは、初期のカウンセリングブームを促すのには大いに役立ったと思われるが、カウンセラーの専門家志向が高まるにつれて、かえってその動きを妨げることになった（と私は考えている）。このことばは和製英語らしい。第一次ロジャーズ（カウンセリング）ブームの際、カウンセリング・ワークショップに群がった素人集団の間から生まれた、と聞いたことがある。

それを支えたのがワークショップ体験であった。ここで擬似カウンセリング体験が生じたことはすでに述べた。しかしあえていえば、それはカウンセリング体験というよりはクライエント体験であった。ただしわれわれは、それをカウンセラー体験ととり違えた。文字通り素人のあさましさである。それで、ワークショップ体験を重ねればカウンセラーになれる、と本気で考える人たちが出てきた。心理療法家になるために厳しい訓練の必要なことは、うすうすわれわれにも分かっていた。しかしそのためには手間も費用も何よりも時間がかかる。当時ワークショップに参加した人たちの多くが、実際のカウンセリングの実践に携っている、あるいは近い将来携わることになる教師集団（教育研究所の教育相談担当所員はほとんどが教員籍であった）や企業の人事担当者たちであったから、とにかく手っとり早くクライエントのお役に立てるカウンセラーになる必要があった。

それと、ワークショップの構造そのものにも若干の問題があった。グループには一人ずつ世話人がついた。それは一応専門家ということになっていた。多く大学教員がそれに当っていたが、ずい分怪し気な人も混じっていた。教育研究所に二年目の私がそうであったのだから間違いない。依頼があっていくら何でもと断ったのだが、それは研究所の上の方に来ており私個人で断り切れるようなものではなかった。教育委員会関係者を世話人にしておけば教員の参加者が増える、くらいの見込みであったのであろう。その後何回かのワークショップではずっと世話人をやらされた。いずれにしろ、他の世話人たちのやり方を見よう見真似で真似るよりなかった。そして私のグループでも、〝望ましい〟プロセスが展開したのである。本物の世話人の場合とはかなりズレていたと思う。ビクビクしながらのことだから純粋さとは程遠く、受容も共感も、前節の終わりでふれたまさに演技としてのそれであったからである。ワークショップ全体の雰囲気とグループダイナミックスに助けられるところが大きかったからか、と思っている。

グループのメンバーにしてからが、はじめに述べたようにお互い現実の人間関係に配慮する必要がない。いわば「いま・ここ」だけの出会いである。したがって比較的純粋、別ないい方をすれば無責任、つまり非日常的雰囲気に入りこみやすかった。それに何といってもほとんどのメンバーはまともな人であり、十分な現実吟味能力をもっている。だからメンバー同士のなじみがそれなりに深まってくると少しオープンになって、日常のしがらみの中では話さないようなことを喋ってみる気が起こるのであろう。かつ、よほどの人が混じっていない限り、それを受けとめる用意のある人がいて、まさしく共感的に聞いてくれたりする。その上、日常的役割に縛られない「いま・ここ」だけの場では、まともな人は概して優しくなりやすい。そういうことが重なると、そんなやりとりを見ていた人もそこに加わって、グループ全体が一種の仲間意識によって凝集する。かなりセンチメンタルで甘いのだが、これがいわゆる蜜月段階であり、私自身の経験からしてもなかなか気持ちのよいものである。そこで世話人の役割は、メンバーにも気づかれないくらいに背景に退くことである。私がはじめて世話人をやったグループでそういう局面が現れたのだから、メンバーの中に感性のすぐれた人がおれば、世話人のよしあしとは関わりなしの、一応の擬似カウンセリング体験が可能なのかもしれない。

そこから奇妙な考え方が生まれた。それがカウンセリング・マインドなのである。それは、あらゆる人間関係のよしあしがカウンセリング・マインドが生かされているかどうかで決まる、とする考え方である。自分たちのいうカウンセリング・マインドがどういうものかについての吟味はほとんどなく、概念的にはせいぜいロジャーズの三原則を生かした人間関係というぐらい、経験的には以上述べてきたカウンセリング・ワークショップくらいのものだから、とても専門用語とはいえない。それが自明のこととして認識されていたのである。

それだけならまだよい。しかし、そこでカウンセリング関係が日常的な人間関係に還元されてしまっていることには誰も気づいていなかった。カウンセリング関係は専門家による特異な関係である。だからこそ職業としてのカウンセリングが成り立っている。しかしわが国で、初期のカウンセリングの実践はいわばズブの素人によって担われた。カウンセリング的なものがあらゆる人間関係に生かされるのは悪いことではない。しかし教師がカウンセリングを少しばかりかじって、それでプロのカウンセラーになれるとはまず考えられない。カウンセリングが教師としてのありようを高め豊かにするのならばよい。しかし教師は教育のプロである。カウンセリングのプロになるためには、そのための専門的訓練が要る。おそらくそれは、教師としての専門的仕事にうちこむことと両立しない。カウンセリングの勉強をすることで教師としてのアイデンティティが揺らぐのならば、マイナス効果の方が遥かに大きい。

しかしカウンセリング・マインドということばのもたらしたもう一つのマイナスは、さらに大きい。それは、カウンセリング・マインドさえ身につければ誰でもカウンセラーになれる、という考えが広がったことである。先に、ワークショップによるカウンセリングの擬似体験を重ねることで本物のカウンセラーになれる、と思いこんだ人が多数現れたことを述べた。彼らはプロとしての訓練を受けていない。幸か不幸か、それでも多かれ少なかれカウンセリングの実践に従いそれなりの〝効果〟もあげ、プロのカウンセラーとして自ら任じる人も現れた。しかし河合が随所で述べているように、そういう人たちの実力は、西洋の基準からみればプロの基準には程遠い。彼はさらに、ロジャーズの三原則には容易に両立しがたいものが含まれている、という。たとえば「共感すること」と「純粋であること」との間に、である（河合　一九九二）。一人の生身の人間として個々のクライエントとのギリギリに追いこまれた状況の中で、プロのカウンセラーには、自分なりに自分をどう統合してゆくかという課題がある。案ずるに、カウンセリング・マインドを強調する人たちは、ロジャーズの三原則に本質的に含まれているそうした統合的な意味に気づくことなく、それらの表層的な意味を並記するだけでよしとしていたのではなかろうか。

しかし誰でもカウンセラーになれるというスローガンは、カウンセラー以外の人にもカウンセラーを目ざす人たちにも、計りしれぬほどの害悪を与えた。その影響が今に及んでいるのである。というのは、誰でもなれる、したがって誰にでもできるとは、その仕事がもはや専門家の仕事でないことを表明しているからである。ワークショップに毎年参加する程度の訓練で、専門家としての実力の身につく専門職などそもそもあるはずがない。

はじめにとりあげた、若い心理士たちがロジャーズの三原則を自分たちの目標として平然と掲げているのには、そういう背景がある。もちろんこれは、日本のロジェリアンすべてにあてはまることではない。しかし国家資格の問題にしろ、現在カウンセラーとして働いている人たちの社会的経済的評価の低さにしろ、カウンセラーに自らプロを称するだけの自信のなさから来ているところが大きいだけに、歯痒い思いを禁ずることができない。

以上で、当初考えていたことについて一応説明できたと思っている。しかしプロのカウンセラーを目ざす以上、さらに考えねばならぬ問題がいくつかあるので、今まで述べてきたことを踏まえた上で、それらについてもう少し書いておきたい。

四　役割と映画『ラストタンゴ・イン・パリ』

役割のもつ二面性については、一で少し触れた。しかしそこで述べておいたように、このテーマはカウンセラーとして相当深刻に考える必要がある。二面性とは、われわれが役割を通してしか「本当の自分」として他者と触れあうことができないことと、それにもかかわらず、役割に隠れて「本当の自分」を隠すことができる、という二つの側面である。ましてカウンセラーは、その二つを統べることによってクライエントの前に「本当の自分」を曝さねばならない。そこでそういうことがどうして可能になるのかを、まず役者の演技を例として説明する。

役者は役になりきらねばならないといわれる。私がハムレットを演ずるとすればハムレットになりきらねばならない。しかしハムレットはデンマークの王子であり、私は日本の庶民である。そんな私がどうしてハムレットになり切れるのか。もとより不可能である。しかし私には私なりのハムレットのイメージがある。そのイメージに私を合わせることができれば、私なりのハムレットを演じることができるのではないか。ただしそのためには、人間が時代を越え場所を越えて本質的には同じだ、とする前提が要る。たまたま私は現代の日本という特異な環境に生まれ育ってきた。それによって私という特異な人間にでき上った。おそらくハムレットも、彼自身の特異な状況に生まれ育ち彼なりの特異な人間となった。だから私が、ハムレットの状況についてそれなりの情報を集め、もし私が彼と同じ状況であったならばこうもあろうか、というイメージを描きだすことはできる。それが私なりの限定されたものであるにしろ、一応それでハムレット像に迫れるのではないか。ハムレットに限らず、およそ人間がお互いを理解しあえるとするならば、そのようなある程度の同質性を前提せぬ限り不可能である。

ただしそのためには、それまでに私が身につけたものをできるだけ剝ぎ落とさねばならない。裸になって人間本来の同質性のレベルまで降りてゆかねばならない。その上でハムレットの身になってみる。その時おのずから内側から動き出すプロセスに身に任せることができれば、私なりのハムレットができ上る。それはハムレットを演じることによってしか開かれてこない、今まで未発であった私の潜在的可能性に私自身が開かれることになる。詳しくは知らないが、イギリスだけでも名だたるハムレット役者は何人もいるのであろう。そしてそれぞれがそれぞれのハムレットの持ち味を評価されているのではないか。それは、役者たちが以上述べた、おのれの人間性の普遍的レベルにまで下降し、そこであらためてハムレットの〝衣装〟を身につけることによって、おのれの新しい可能性に開かれるからこそではないか、と思う。

それともう一つ。しかしそこで役者がハムレットになり切って現実吟味能力を失うと、芝居はぶち壊しになる。この場面はあと一〇分で終わり自分は舞台から消える。次の場では二〇分ほど烈しい立ち回りがあるからゆっくり休んでおかねば、とか。大筋はシェークスピアの原作で、それに演出家の意向なども加わって、決められた筋書きを逸脱することは許されていない。しかしそういう枠組みがあるからこそ、そこにみずからの内側に発するおのずからのプロセスに身を任せる演技が可能になるのではないか。その場合、枠＝形式は役者の持ち味＝内容を窒息させるかに見えて、内容を顕在化させる不可欠の要因である。役割のもつ二面性が一見ネガティブな二律背反のごとく見えながら、その緊張を演技として凝集させるところに、役者の新しい可能性が開かれることを見逃してはならない。

社会的役割が、文化によって規定された不自然なルールであることは一で述べた。それは役者が演技を活かすために外してはならない筋書きのごときものである。しかしそれに縛られると、役者の中に生じるおのずからのプロセスが働かず、幼稚園の学芸会のような生硬な演技に堕してしまう。演技者の実感がまるで伴っていないからである。日常の役割関係においても似たようなことが生じるのだが、それについては映画『ラストタンゴ・イン・パリ』（ベルナルド・ベルトルッチ監督）に基づいて考える。

この映画は、たまたまパリに来た外国人同士が知り合って意気投合し、毎週（？）一回同じ場所で会う約束をする、という話である。ただしお互いの名前も住所も職業も聞かないという条件をつける。たまさかの出会いで二人は情熱の限り愛しあう。ここで考えたいのは、一切の世間的なしがらみを超えてひたすら愛に生きる二人を〝純粋〟といえるかどうか、ということである。二人はそこで「本当の自分」として愛しあえていたのであろうか。何十年も昔のことで記憶が定かでないが、おしまいの方で一方がたまりかねて相手に名前を聞いて悲劇的な結末に至る、という筋立てであったと思う。［この映画の筋については、出版社が調べてくれた。それは私の思い込みとかなり違う。しかし本書ではそのことを問わず、私の思い込みに基づいて考えたことをそのまま述べていることをお許しいただきたい。］

二人の関係が、カウンセリング・ワークショップに参加した人たちの経験した「遠くて深い」体験のバリエーションであることは、分かると思う。日常の人間関係のわずらしさから離れているからこそ、

「本当の自分」になれる。現に参加者たちは、ふだん現実の役割関係に縛られてどれだけうわべだけの偽りの自分を生きているかに気づいて、今こそ「本当の自分」に触れていると感動したのである。そういう経験が、誰しもにとって意味深いものであることには疑いない。しかしこうした出会いを意義あらしめているのは、二人がお互いに隠しあっている部分、陳腐な日常生活のあればこそなのである。

そのためには二人共が、お互いの日常性を守らねばならない。つまり二人の逢瀬が用心深く日常性から遠ざけられているのは、その非日常性を守るためにではなく、日常性の中に出会いの非日常性を組みこむためなのである。それによってこそ日常世界は背景に退き、非日常世界が鮮やかに浮かび上がる。相手が現れなければ即座に消滅する関係が、この出会いの文字通り「いま・ここ」のかけ代えのなさを思い知らせてくれる。ここに日常生活の一かけらでも入りこむことは、即座に非日常のいわば祝祭空間を自壊させる。しかし現実生活の全体が背景としてこの世界を支えない限り、そもそもこうした非日常空間はなり立たない。

もう一つ。相手の正体の分からぬことは、いやおうなしにロマンティックな空想をかき立てる。そこに必然的に投影機能が働くから、こうした思いは果てもなく広がる。彼または彼女はどこから来てどこに帰るのか。家族はどんな人たちか、幸せに暮しているのか、などなど。さらには、確かにいま自分は幸せな恋人役を演じているけれども、ひょっとしたら彼または彼女の慰み者、ピエロにすぎないのではないか、せいぜいはじめて人を愛した若者や娘よろしく青臭い幻想に浸っているだけ、めくるめくこの恋は自分の年甲斐もない独りよがりかもしれない、など。いずれにしろこうした思いは非日常世界への多かれ少なかれ日常的な闖入者《ちんにゅうしゃ》である。にもかかわらず、こうした現実的な思いが背景として、非日常体験を支えていることはすでに述べた通りである。ここでいいたいのは、「本当の自分」が日常世界にとどまっている自分をさすのか、非日常世界に入りこんで、通常は経験しない、というよりは避けている、自分の可能性を生きようとする部分なのか、ということである。お互いがお互いにとって誰でもであり、誰でもでもないともいえる。しかし役者の演技について説明したように、われわれにとっての日常・非日常の問題は、「本当の自分」の両面であり緊張に満ちたものであっても、相反的というよりも本来は相補的なものとして捉えたい。ここで長々しく『ラストタンゴ・イン・パリ』について考えたのは、実はカウンセラーが個々のクライエントに出会う時、日常・非日常のこの問題がつきまとう、オーバーにいえばその葛藤をカウンセラーが個々のクライエントとの関わりにおいていかに生き抜くか、また耐えぬくか、がカウンセリングの成否を決めることが多い、と考えるからである。

「本当の自分」についてさらに説明を加えると、『ラストタンゴ・イン・パリ』とはある意味で反対の極に、若い父親の話がある。すでに別の所で発表したケースであるが、授業でも話したことであるので繰り返しとりあげておく。誕生日に小学校低学年の子ども二人にビールを一本プレゼントされた。この父親は「こんなおいしいビール飲んだことがない」と言って相好を崩した。ふだん家で飲んでいるのと同じ銘柄のものであった。その時父親の頭にあったのは、よくぞここまで育ってくれた、という思いである。いろいろあった。思わず手を上げたこともある。それが今、この私を父親と思いプレゼントしてくれるまでになった。今まで子どもたちと作ってきた自分たちの歴史のようなものが思い返される。遡れば子どもたちの生まれるきっかけとなった妻との出会いまで浮かびあがり、この子たちの親でありこの妻の夫であることをあらためて思い知らされたのである。さらに五年後一〇年後この子たちも自分たちもどうなっているのか予断を許さないが、今はこうして団欒の時を過ごしている。それは一家の主人としてまさに至福の時間といえるのではないか。これは日常場面にまったく没入し、家族と結びついた

（縛られた）限界のある自分を受け入れることから来る充実感である。それが『ラストタンゴ・イン・パリ』の主人公たちの対極にある「本当の自分」の一面である。だからといって主人公たちの生き方が偽りというわけではない。生きるということが、そういう日常と非日常の交錯する現実なのだからである。

五　「本当の自分」

われわれは、さまざまな社会関係を通してさまざまな人との出会いを経験する。そしてその出会い方は役割に応じてみな違う。しかし一つ一つの出会いは、すべてこの私とこのあなたとの出会いであり、一回きりのかけ代えのなさを担う。にもかかわらずわれわれは、そのつどの役割に応じて変わる自分の在りように「本当の自分」が生きていること、あるいはいないこと、を直観的に感じとることができる。それは、「本当の自分」がそのもの自体としては直接感じとれないこと、通常は潜在的な可能態として背景にあり、現実の人間と出会うことによってはじめて顕在化しうること、われわれの感じるのはそれが顕在化した場合の二次的な効果のごときものにすぎないこと、を意味している。

たとえばわれわれは、自分とは何かをいつでも客体化できる。私の場合ならば、日本人、男、教師などである。そしてそのように客体化している自分を客体化することもできる。かつそういう自分さえさらに客体化できる。しかし客体化している主体としての自分は、ついに客体化することができない。しかしそういう主体が、客体化する自分の核としてあることは、漠としてはいるが、一種の全体感覚として直観的に感じとることが可能である。それが出会い体験において感じられる「本当の自分」感である。

ただしすでに述べたように、「本当の自分」に直接出会うことはありえない。その顕在化した相は現実的な個々の人間関係に現れるので、それ自体の決った形を持たないからである。それは未発の可能態としてつねに背景にとどまっている。ただしあらゆる人間関係は、つねにその背景に映し出されているので、それと感じられているか否かを問わず、現実関係に影響を及ぼし続けている。安らぎ感、緊張感、違和感などとして、である。

ここで「本当の自分」の三つの相について簡単に説明して本節を終わりたい。

「本当の自分」が、それぞれの役割に応じて異なった相を現すことについてはすでに述べた。たとえば、父親である私が息子であるお前に出会う出会い方は、教師として私が生徒であるお前と出会うそれとはまるで違う。医師として患者に出会う出会い方が家族に対するそれと異なるのも同じである。若い父親が同僚とか友人に出会う出会い方も、家族に対するのとは当然違ってくる。にもかかわらず、それらの関係すべてに「本当の自分」があるかどうかは、かなり明確に感じられている。つまり個々の相手によって一見バラバラの相が顕在化しているにもかかわらず、そこにそれら全部を一つの纏った存在（＝「本当の自分」）として感じる、全体的統合的な感覚がある。それを「本当の自分」の全体性ないし統合性の相と呼んでおく。心理学的にいえば、人格、自我、自己などと呼びならわされてきたものである。心理学的不適応を、この全体感覚のゆらぎと把えることもできよう。これを第一の全体性の相とする。

前節にとり上げた子どもにプレゼントされたビールに目を細めた若い父親は、「いま、ここ」の団欒の時に来し方行く末を思い、「いま・ここ」の意味をさらに濃縮したものとして味わった。われわれが「いま・ここ」をおいて生きることはありえないが、「いま」が「いつ」か、「ここ」が「どこ」かを確かめることなしに意味のある世界を生きることはできない。それは物理学的な時空をこえた、自分にとっての「いま」、自分にとっての「ここ」の発見である。その時、「本当の自分」が二番目の主体性＝意味の中心、としての相を顕わす。

たとえば飴玉を口に放りこんだ時、どのへんからそれを自分と感じるのだろうか。口の中か、胃袋に達してからか、あるいは小腸に入って糖として吸収されてからか。しかしそれは、飴玉という客体と主体としての体を分けて、それらがどうして一つになるかのプロセスを〝科学的〟に考えているにすぎない。飴玉が口に入るのは一つの経験であって、そこには主体も客体もないのである。春風が顔に戯れたりせせらぎが歌いかけてくるのも一つの融合的経験であって、どこまでが外的刺激でどこからが内的プロセスかは、〝科学的〟な問題にすぎない。ここで経験とは、主体が対象と出会うときに生ずる、分離以前の身体感覚としておく。

「本当の自分」は、他者と出会ってそこで期待されている社会的役割をひき受けた時、そのつど立ち現れてくる特異な姿として顕在化する。それは対象と遠心的に関わることによって顕われる相であり、全体性ないし統合性が求心的に内にとりこむ相とは対照的である。これを「本当の自分」の三番目の相、関係性と把えておきたい。それぞれの相は、時に相反的な緊張関係をもたらすけれども、最終的には全体的統合的相のもとにおさまる。河合隼雄（一九九二）は、ロジャーズの三原則について、純粋さ（求心的）と受容（遠心的）とが反発しあい共感性（全体的）が統合する、と述べたことがある。

カウンセラーはクライエントに対して「本当の自分」として関わらねばならない。そこで次節ではそれがどのようにして可能になるのかについて、一つの理論的モデルを提示する。

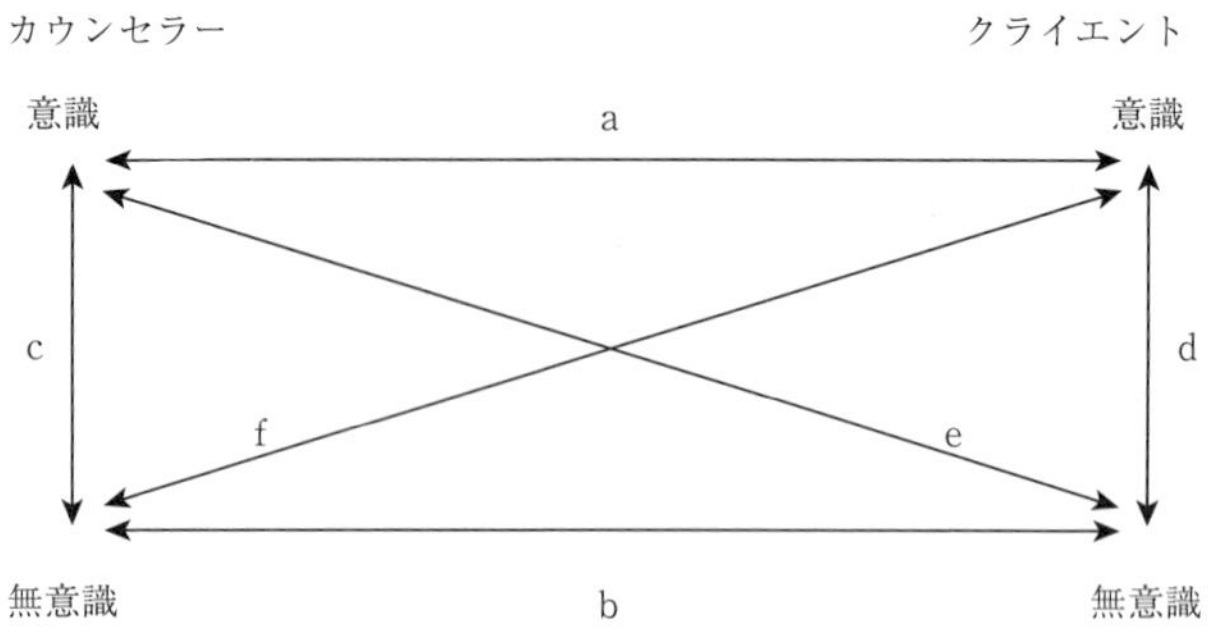

六　カウンセリングの場（ないしプロセス）

この図はユングが「転移の心理学」で示したものにヤコービ（一九八五）が手を加え、さらに私が修正したものである。そこでまず図について説明する。

双方向の矢印は、カウンセリング場面で生じているカウンセラー・クライエントの相互作用を示す。aは双方ともに意識レベルのもの。カウンセリングの場所、料金、時間、とりあえずの目標など、契約に関わる話しあいなどが主となっている。cとdはカウンセラー・クライエントそれぞれの意識、無意識の相互作用である。ここでは便宜上一つの線で表わされているが、しばしば考えられているように、截然と分けられた二つの領域が働きあうわけではない。多重多層的な広がりと深みをもつ、未分化でありながら全体としての纏まりをもつ場（ないしプロセス）である。eとfではカウンセラーとクライエントの意識と無意識とが関わりあう。ふつう転移・逆転移として説明されているプロセスに重なる。bはカウンセラー・クライエントの無意識と無意識の相互作用。通常気づかれていないが、背景にあってつねに現在に影響を及ぼし続けている。意識とは、この背景にそのつどの内外の刺激が客体として映し出される時、浮かび上る心的プロセスである。だからこの線で示される働きそのものが顕在化することはない。それを意識とするか無意識とするかは定義の問題である。心を静的、したがって構造的な場として捉えると、顕在化＝意識化されていないのだから無意識ということができる。しかし動的な顕在化のプロセスと捉えると、内外の刺激がそこに映し出される意識の流れとなる。だから意識とはすべて束の間の仮象にすぎない、というのが本論の基本的立場である。従来からの意識・無意識ということばを使って説明しようとすると、どうしても動的な面がこぼれ落ちやすい。詳しくは先に挙げた拙著（氏原 二〇〇九）を参照されたい。

要するに、カウンセラーとクライエントが出会う時、二人の間ではこの六本の線の交錯する複雑なやりとりが同時的に生じているのである。そして前節に述べた「本当の自分」がこの図全体の背景として働いている。その際、束の間の仮象として顕在化＝意識化されたものが、対象ないし客体としてあらためて背景に映し出されるのである。先の、自分をいくらでも重ねて客体化してゆくそのつどの客体として浮かび上る自分を、ここでいう束の間の仮象と考えることができる。

ここで意識と無意識についてあらためて説明しておく。本論の基本的立場はすでに述べたように、意識・無意識を局所論的には把えていない。ただし静的な構造としては、自分を中心として、自分との関わりの重要度に応じて同心円的に周りに広がる「場」として考えている。サリヴァン（一九四〇）によれば、われわれの瞬間瞬間にうけとる刺激はほとんど無限に近い。それらすべてに反応すれば注意が拡散して外界に適切に反応することができなくなる。そこでとくに重要でないものには注意しない。それを選択的非注意と呼ぶ。逆に重要かつ必要な刺激に対してはそれなりの注意を払う。その場合、何が重要で何がそうでないかを決める基準があるはずである。それが自分なのである。その中核が「本当の自分」と考えてよい。

ただし、それがつねに意識の中心とはいえぬことを見逃してはならない。意識とは動的な流れであり、そのつどの意識の中心を占めるのは、先に述べたそのつどの束の間の仮象にすぎない。意識するということは、対象＝客体が背景としての潜在的可能態に映し出されることである。われわれは自分を客体化できる上に、客体化しているその自分を客体化することもできる。そういう自分をさらに客体化することさえ可能である。しかし客体化している主体としての自分を客体化することはついにできない。客体化するということが主体の営みだからである。にもかかわらず、われわれはそういう主体の働きを確かな手応え（体感といってよい）として感じることができる。

つまり、対象を客体化（意識化といってもよい）するためには、客体化する主体が要る。この場合、われわれは自分自身を選択的に客体化しているのだが、そういう主体をさらに選択的に客体化しているわけである。だからそのつど客体化される主体はいつまでたっても束の間の仮象（客体）であって、主体たり得ない。しかし主体がなければ客体もありえないのだから、おのれの存在感を確かめることができない。おそらく動物には主体としての感覚がない。当然客体世界をそれと認識できていないはずである。それでも合目的的に生きているのだが、主客の分離する以前の存在のプロセスを終わりの時まで生きているだけ、なのであろう。

今まで背景としての潜在的可能態として述べてきたことが、まさにこの主体感覚なのである。束の間の仮象は主体感覚に映し出されることによって、時間的空間的に限られた実在として立ち現れる。大切なことは、こうして客体世界が現実感を伴って立ち現れる時、実は今まで背景にあった潜在的可能態が顕在化しているのである。背景は対象を映し出すことによって顕在化する。それ自体をそのまま顕在化することはない。客体を映し出し束の間の仮象として現実化する時、そのように現実化した客体を通して顕在化するのである。

ここで前節に述べた「本当の自分」が顕在化する場合の三つの相を思い出してほしい。その一つが主体性であった。「本当の自分」は対象を映し出すことがなければ顕在化しない。「ない」も同然なのである。同様に対象は「本当の自分」に映し出されることがなければ現実化しない。その限り「ない」のである。両者は映し映し出される、つまり関わりあうことによってはじめて顕在化し現実化する。それが「本当の自分」の第二の相、関係性に他ならない。口の中の飴は味わわれ触れられている客体なのか、味わい触れている主体なのか。それが主体となるのは胃袋に達した時、または小腸で吸収される時なのか。さらにはわれわれの体は主体なのか客体なのか。あるいは両手を合わせた時、どちらがどちらに触れているのか、触れられているのか、など、考えれば微妙な問題が一杯あるが、本稿で論ずるには手に余る。

以上、主体が客体と関わることによってはじめて顕在化しうることを述べてきた。しかし主体にはもう一つ重要な働きがある。それが対象（客体）を主体から切り離して認知する働きである。先に、われわれは自分をどこまでも客体化しうることを述べた。それは自分を自分から切り離して認識することである。しかし究極的に主体を客体化できぬことは説明したはずである。主体の客体化の結果が自己概念である。これは通常「私は……である」ということばで表される。そして「……」の部分には客体化された部分が入る。私の場合ならば、男性、教師、老人、カウンセラーなど。そしてそれらはすべて他者と共有できる部分である。つまり客体化された私は、いわば私の普遍的な部分であって、かけ代えのない私の部分は抜けおちている。それだけ本質とは切り離されているわけである。哲学者の上田閑照（二〇〇〇）の「私は私ならずして私である」というのは、そのことを指している。有名なデカルトの「我思う。ゆえに我あり」も、自分をも含めた対象をいくら対象化しても確かめることのできぬおのれの存在感を、考える主体としての我を感じることによって確かめうること、を示そうとしたものであろう。

ここで大切なことは、上田にしろデカルトにしろ、主体的な私についての思いが、おのれの死をも含めた、客体としての自己認知および世界認識に支えられてのものであることである。個々の対象認知がそのつどの潜在的主体感覚の顕在化でもあることはすでに述べた。主体から切り離された、オーバーにいえば宇宙認識が、未知の世界の予感を含みながら、主体感覚を深めかつ広げているのである。主体と切り離された客体認知が、現実適応に不可欠であることはいうまでもない。しかもそれが主体感覚といわば表裏一体の関係にあることが、主体の全体感覚につながっている。それを、すでに述べた共通感覚と結びつけることもあながち無理とはいえない気がしている。「本当の自分」の一つ目の相、全体性は、その意味で西洋中世以来のマクロコスモスとミクロコスモスとの共振れ、したがってある種の宗教性ともつながっている可能性がある。

ここで本節のはじめの図に戻る。この図はもともと、カウンセリング場面に生じているカウンセラー・クライエントの相互作用の説明のためのものであった。しかし、今まで述べてきた両者の関わりのプロセスの、背景ないし構造を説明している感じが強い。六つの線で表される相互作用は同時発生的に生じている。だからそこで起こっているのは一つの全体的プロセスなのであるが、個々のプロセスを静的な図式で示そうとしているので、かなりの無理がある。それを承知であえていえば、それぞれの線が双方向に矢印をつけられているように、カウンセラー・クライエントの意識・無意識が入り乱れて交流している場なのである。意識的プロセスは意図的でありそれなりにコントロールされている。しかし無意識的なものは無意図的に洩れ出しており、コントロールできていない。カウンセラーもクライエントもその場にもろにさらされているので、多かれ少なかれその影響を受けざるをえない。だからカウンセラーが十分に敏感でありうるならば、その場に溶けこんだクライエントの無意識に気づきうる可能性がある。それが何らかの形でクライエントに伝え返される。意識的か無意識的かは問題にならない。大切なことは、クライエントがこのカウンセラーと二人して作ったその場においてはじめて、今まで気づかなかったおのれの無意識のプロセスに開かれることである。もちろん同様のプロセスがカウンセラーにも生じている。お互いがお互いと出会うことではじめて開かれるプロセスに開かれるのである。だからそのプロセスがそこからどう展開するかは、二人共々予測できない。ある程度成行き任せなのである。

にもかかわらず、あるいはだからこそ、ここでカウンセラーの側に、漠としたものであれ、ある程度の方向性の見通されていることが不可欠となる。どの本でみたのかいま思い出せないのだが、ユングは次のようなケースを報告している。毎年アメリカから夏だけであるが分析を受けに来る患者があった。ユングは一回目に患者の問題に気がついたが何も言わなかった。一〇年後患者は「先生が最初に私の問題に気づかれていたのは知っていた。しかし一〇年間黙っていて下さったおかげで、私はその問題を何とか処理することができた。もし途中でそれについてとり上げられていたら、おそらく続けて来ることはできなかった」と礼を言って分析を終えた、というのである。この場合、患者は少なくとも自分の問題を意識していた。その解決を求めてユングの所へ来たのだから。そして彼の推測では、ユングも当初からそれに気付いていていた。実際に何が話されたのかは定かでない。しかしそれが、はじめの図のaの線におけるやりとりであった、と考えることはできよう。すると、お互いに意識されながら話しあわれなかった「問題」は、この図ではどの線に当たるのか。

ことばには裏の意味や含みがある。だから同じことばが必ずしも一つの意味を示すとは限らない。日本語では、お父ちゃん、パパ、親父、父上などのことばはすべて男親を指すが、それぞれの含む意味はかなり違う。だから何気ないやりとりの中に、いろんな意味の隠されていることがある。それを意図的＝意識的といえるかどうか。あるいは身振りや表情やイントネーションなど、いわゆるノンバーバル・コミュニケーションということで、患者またはカウンセラーでさえ、隠しているつもりでも相手には洩れていることがある。そこで患者はaの線のやりとりと思っていても、ユングには隠された意味が読みとれたとすれば、eの線になる。しかし、患者はユングに見透かされていることに気づいていた、といっている。ユングもそれに気づいていたのだから、お互い裏のやりとりに気づき（意識し）ながらのものとすれば、aの線といえるかもしれない。

あるいは、ユングがあえて「問題」をとり上げなかったのは、今、患者とその問題を明らさまに話すのはまずい、という直観が働いたからであろう。かつ、当初から患者の問題に気づいたとはいうものの、問題そのものについて話しあってはいないのだから、患者の感じているままに問題を把握していたとはとてもいえない。それでは何について分かった、とユングが思ったのか。おそらくユング自身にも定かでない、それだけ意識できない深みにある潜在的な可能態が、この患者と出会うことで、分かったと思えるまでには顕在化したのではないか。だから線としていえばaでありbでもある、といえる。もともと全体的なプロセスを線的にすべて把えることができないのである。本論の文脈でいえば、分析家としての「本当の自分」が動いたのである。ユングのことばでいえば、セルフが触発された、または布置された、ということになるのではないか。それがクライエントに伝わるというのは、ユングのセルフがそのまま意図的にクライエントに伝えられるのではない。このクライエントとの関わりにおいてユングの中に布置されたセルフが、この場全体に、つまりa～fの線すべてを通して布置されて、おのずからクライエントの中にクライエントのセルフが布置されるのである。少なくともユングが意図的にそうしたとは考えにくい。あえていえばbの線、二人の無意識と無意識の交流ということになるのであろうが、そうした線的な交流では示しきれない、広がりと深みをもつプロセスなのであろう。

以上のことは、私が私の経験を踏まえて語っているのではない。多分に推測を混じえてのものである。先に述べたように、この図はもともとはユングの、ついでヤコービの描いたものを私なりに変えたものである。多分に理論的なものであって、ユングの、ひいてはカウンセリングの、実践を十分に説明しきれているとは思っていない。現時点での私の試論である。

そうした限界を踏まえた上で、いま私の考えていることを列挙すると、まず①カウンセラーはできるだけカウンセリングの場に開かれていなければならない。サリヴァンのいう選択的非注意を避けるために、である。その分日常場面とは異なる緊張がいる。自律訓練にいう受動的注意集中に近い。フロイトの「平等に漂う注意」とも重なる所がある。ついで、②そのためにはできるだけ自分に開かれていなければならない。単純化を怖れずにいえば、できるだけおのれのコンプレックスに気づいていなければならない。ただし気づいたからといってコンプレックスの解消することはない。それをずっと保ち続けられるかどうかということである。それによって似たようなコンプレックスを持つクライエントに対して、否定的な感じを感じることが余程少なくなる。つまり③カウンセラーがおのれに開かれている以上に、クライエントが自分に開かれることはないからである。そして④クライエントは、おのれに開かれている程度に応じてしか、他者に開かれることはない。

以上、若い臨床心理士の間に広がっている（と考えざるをえない）素人っぽさについてその必然性について述べるはずであったが、「本当の自分」にまで論が及び、カウンセラーのあるべき態度についても述べざるをえなくなった。しかしこれについては経験的裏づけが不可欠であり、どこまで行けるかはとも角、なお一層の精進を目ざしたい。

文献

ウィニコット・D　一九七七『情緒発達の精神分析的理論』(牛島定信訳)、岩崎学術出版社
上田閑照　二〇〇〇『私とは何か』岩波書店
氏原寛　二〇〇九『カウンセリング実践史』誠信書房
河合隼雄　一九九二『心理療法序説』岩波書店
神田橋條治　二〇〇六『「現場からの治療論」という物語』岩崎学術出版社
ヤコービ・M　一九八五『分析的人間関係』(氏原寛他訳)、創元社
Sullivan, H. S. 1940 *Some conceptions of modern psychiatry*. Norton.

第2章　現代若者論——まなじりを決して怒髪天を衝く

はじめに

まず本論の表題について説明しておく。まなじりとは目元のことでありそれを「決する」とは、岩波国語辞典によれば、目を見張って何かを決意した顔つき、とある。怒髪とは怒ったとき髪の逆立つことである。これらは近頃の若者たちのファッションから思いついたことばで、女の子の濃いアイメイクと男の子のピンピン跳ね上がった髪型をさしている。流行にはもちろん個人の好みが反映しているのだが、その背後に時代の雰囲気が働いている。ここ何年か世界的な暗い世相を反映して、ファッション界で圧倒的に黒が使われているように、である。上記のことばは、だから近頃の若者たちが、男も女も自分にもよく分からぬ怒りにとりつかれているのではないか、という私なりの思い入れを表している。それについては授業でも話したことがある。近頃の若者がなぜ怒っているのか、あるいは怒らねばならないのか、について考えようとするのが本論の目的である。

一　近代競争社会の出現

1　平等幻想の崩壊

「人間は生まれながらにして自由かつ平等の権利を有する」とは、フランス革命の人権宣言の最初に謳われた有名な文句である。近代社会の基本原理がこれによって明確にされたといわれる。しかしわれわれがわれわれの体に縛られている以上、無条件の自由などそもそもありえない。男女、老若、才能、身体的条件、運不運など考えただけで、万人が平等などといえるはずのないことは誰しもに明らかである。すると何をもって生まれながらの自由といい平等というのかについて、もっと具体的な詳しい説明が必要になる。そこで、われわれはみんな同じ人間として生まれるのだけれども（平等）、同じその人間性をどう生かすのかということにおいて千差万別、つまり同じでない（自由）と考えればどうであろうか。それが一人一人の個性を作るのだ、と。つまりわれわれは、みんなそれぞれに不自由、不平等な条件の下に生まれてくるのだけれども、その状況をいかに自分らしく生きるかによって、人間すべてに本来備わった自由で平等な生き方を自分なりに〝創造〟しうる、と考えるのである。

実は自由平等の思想の背景には、こうした個性尊重――個人志向の原則が前提されている。人間とは、環境に振り回されるだけの受け身の存在ではなく、能動的に環境に働きかけて自分の世界を形作る創造的な存在だからである。一種の逆説なのであるが、それが納得できていないと、自由で平等であるはずの自分が不自由と不平等にがんじがらめにされており、自分より遥かに恵まれかつ自由に過ごしているかに見える人たちのいることを許せなくなる。実はそのように「見える」人にも、人間につきものの不自由と不平等はつきまとっており、幸せであるはずで実はそうでない人は少なくない。しかしそれについては、自由と平等は不自由と不平等を引き受けてはじめて見えてくることも含めて、後で考察する。ただ「革命宣言」には個人志向が強く反映しているので、それが自由平等の精神と結びつくと一種の万能感的幻想をもたらしやすい。さらに、「努力すれば道が開ける」とか「結果よりもプロセスが大事」とかいう、一部の心ない識者たちの唱えるスローガンが、子どもや若者たちをあおっている。個人志向的な色合いをもち一面の真実を含むだけに、つい信じ込みたくなる。ただしそれは、不自由や不平等を踏まえた上で、あるいは3で述べる比較の問題を超えたところではじめて意味を持つことばであり、額面通り受け止めると、結果によってしか評価されず努力しても道の開けない現実にぶつかって、たちまち幻滅と無力感に捕えられることになる。人びとを震憾させた秋葉原の事件も、そうした思いにかられた若者の一人のひきおこしたものであり、異常な若者の異常な事件といいきれないところに、現代社会の不気味な状況が顔をのぞかせていると思わざるをえない。同世代の若者たちの意見を聞きたいところである。

2　自由と平等

以上、近代社会でいう自由と平等が、何をしても許されるとか、人間は皆同じとかいっているわけではないことを述べてきた。むしろそれは、おのれの可能性を生かすためには人と違っていてもかまわない、にもかかわらず人間としては同じである、とする人間存在の逆説的状況に目を据えた考え方なのである。それは一人一人の存在のかけがえのなさを尊重する。かけがえのなさとは、その人でないと実現することのできないその人独自の存在の意味をさす。背の低い人の実現する意味は背の高い人のそれとは違う。皮膚の色の黒い人間の実現する意味は、皮膚の白い人間の目ざすものとはかなり違う。それらを一つの基準によって画一的に統制し優劣をつけようとすることが、差別を生んできた。近代社会においては、人は人と異なってあることにおいて自由であり、にもかかわらずお互い人間でありうることにおいて平等なのである。このことによって、近代社会が個人尊重の個人志向的社会であることが分かる。

もちろん、共同社会である以上共同の秩序は守らなければならない。市民社会は以上述べたように個人主義に立脚しているけれども、政治的には民主主義に拠っている。そこで秩序は議会で定められた法によって維持される。法がつねに完璧であることはありえないけれども、合意に基づく手続きで定められた法は尊重されねばならない。したがって公共の秩序を犯すものは法によってコントロールされる。だから信教の自由は守られねばならぬ（個性の尊重）にしても、それが殺人者集団と化した場合、法によって厳重に取り締まるのは当然のことである。

こうした社会の出現が個々人を活気づけ、社会全体を活性化させたことは容易に理解できる。たとえば職業選択の自由一つ取り上げても、封建社会における身分制、わが国の場合ならば明治以前の士農工商の差別社会と比べれば、人びとは才能と運に恵まれ努力を怠ることさえなければ、それまで考えられなかったほどの高い地位に昇ることができた。明治維新そのものが、下級武士が地主商人と結んで、上級武士や貴族の特権を奪うことによって成立している。海軍士官を養成する海軍兵学校には皇族から庶民の子弟までが入学しており、イギリスの海軍士官から奇異と驚嘆の目で見られていたらしい。当時イギリスの海軍士官はほとんど貴族出身者でしめられていたからである。東大を卒業しさえすれば、出自のいかんを問わず、立身出世がかなりの程度保証されていた。もちろん兵学校にしろ東大にしろ、入学するにはそれなりの厳しい条件が科せられており、ある程度の経済的背景や知的素質が前提されていた。

しかし以前の少数の特権階級と比べれば、はるかに多数の中産階級出身者が支配階級にのし上がったのである。またこうした動きが必然的に産業界に活気を及ぼし、生産力の向上に伴って中産階級の数を大幅に増やしたことも見逃してはならない。日本の発展は東大が中産階級の優秀な人材を取り込むパイプ役を果たしたとする説も、あながち無理な考えではない。

3 豊かな競争社会の出現

しかしこうした上昇の可能性は、同時に没落の危険性をつねに孕《はら》んでいる。いままでの固定した身分社会では、余程のことがない限り、優位にある人が現在の立場を失う怖れはなかった。その代わり劣位にある多くの人びとは、同じく余程のことがない限り、身分の上昇することはなかった。それだけ、社会が大きく発展することはないにしても、安定はしていたのである。しかし市民社会の成立はこうした安定をつき崩し、活気に満ちているにしてもかなり不安定な社会を成立させたことになる。明治以降の日本の発展が、武士階級の没落、封建制度の解体をもたらしたことは諸君も承知のことと思う。

ここで職業選択の自由をめぐって考えると、職業にはなりたい人は大勢いるけれども、なれる人は少ししかいないものがかなりある。たとえばプロ野球の選手とか芸能人とかである。医師や弁護士などを含めてもよい。そうなるとどうしても比較することが入ってくる。なりたがっている人が何人で、なれる人は何人なのか。そして自分がその中で何番目くらいにいるのか、を確かめねばならない。もし努力しても及ばないと分かれば、当初の目標は諦めねばならない。これはおのれの限界ないし劣等性に直面することであるから、相当辛い作業になる。それを支えるのが比較を越えたレベルでの自信、先のことばでいえばおのれのかけ代えのなさ、をどれだけ分かっているかである。しかしこれについては後に論ずる。

これを企業レベルで見ると、こうした競争原理が一層露骨である。かつて繁栄していた会社がつぶれ、耳にしたことのない会社がいつの間にか有力企業に成長している。現在の成功が将来のさらなる発展を保証していない。まさしく優勝劣敗の、ひたすら競争に打ち勝つ努力を日々積み重ねていかないと、いつ没落するか分からない不安定な状況なのである。現状を維持することは停滞に他ならず、それがそのまま没落につながる可能性が大きい。とすれば、ひたすら上昇を目ざして努力し続けねばならない。いわゆる自転車操業に近い危ない綱渡りを繰り返し、経営者たちの心の安まるときはおそらくない。

近代資本主義社会では経済的には資本主義、政治的には民主主義、心理的には個人主義が主流であろうことはすでに述べた。しかしこれらはもともとは同じ原理が、違った領域で違った姿を現しているにすぎない。その原理が本節の2で取り上げた自由と平等の概念である。

それがすでに述べたように、公共の福祉にそむかぬ限り、われわれがお互いに違っていてもよいこと(自由)、それにもかかわらず、というよりだからこそ、お互い同じ人間として認めあおう(平等)とする精神である。しかし職業選択の自由が万人に認められることによって、われわれはいやおうなしの競争原理を受け入れざるをえなくなった。その結果、同じであるはずの一人一人の人間に、覆いかくすことのできない不平等の存在することが露わになってきた。職業的成功、つまり競争に打ち勝つためには、本人の努力に加えて生まれつきの才能や幸運に恵まれることが不可欠の条件だからである。

自由と平等についてはなおいうべきことが多く、次節以下で順次検討してゆく。ここでは競争社会出現に伴う格差について考えておきたい。競争に勝者と敗者がつきものであり、敗者の数が圧倒的に多いことはすでに述べた。職業選択競争において、なりたいものの多い職業が数々の現実的に有利な条件をもたらすのは当然のことである。金、名誉、社会的影響力などがそれである。競争に勝つための条件が、すでに不平等な形で各人に配分されている。競争の結果、これらの不平等はさらに拡大する。成果という点だけに絞って考えれば、誠実に努力した者に見るべき成果の伴わないことがしばしばある。逆に、自分としては四苦八苦してやっとかちえたものを、さしたる苦労もなく手にする者を見ることもある。俗にいう「悪い奴ほどよく眠る」現象である。仕方ないと納得する気持ちはあっても、不平等感が募るのを抑えるのはなかなか難しい。

さらに近代社会では、こうした不平等の結果がすべて個人の責任に帰せられる。そもそも自由と平等の概念は、個人のかけがえのなさ‐尊厳性を保証する基本的原理として提起されている。それが逆に人間の限界＝不自由性と多様性＝不平等性を浮かび上がらせることになった。

近代市民社会はその必然的結果として、競争原理を導入することによってその矛盾にもろに曝されている。一つには、個人の責任とは、われわれにはどうにもならない客観的所与に主体としてどう対応するか、を問うものである。これはすぐれて主観（体）的な体験様式である。しかしそのためには、まずわれわれに配分された客観的所与――人間に生まれたことも含めて、それらはすべてわれわれの主観（体）的思いを越えている――をできるだけ客観的に受けとめる必要がある。好むと好まざるとにかかわらず、各人に定められた不自由、不平等に直面しなければならない。そうしてはじめてそれらに対する主観（体）的な自由を感じることができる。時に客観的所与の重みにたえかねる思いをすることがあっても、である。ここに主体的関与と客観的認知の二重のプロセスが生じる。それを臨床心理学的枠組みでいえば、ナラティブとエビデンスの二律背反である。しかし、それらは一見相反的に見えて実は相補的な働きなのである。ただ自由と平等を表層的に捕らえると、客観的所与にある不平等は、自由と平等に対する許しがたい侵害としか思えぬことがある。そこで次の小節では主体性について考えることにする。

4　主体性について

主体性とは難しい概念である。それについてここで本格的に論ずる余裕はない。とりあえずは、単純に自分意識としておく。人間においてこの意識がいつ頃成立するかは難しい問題である。それは、自分を「他ならぬ自分」と意識することだから、自分以外の他、つまり対象世界の認識が生じてはじめて成り立つ。つまり自分意識の成立は、対象―客観（体）世界の出現と同時に生じる現象である。ちなみに動物にはおそらく自分意識がない。彼らはその感覚器官によって外界を知覚し、だからこそ適応的に対応しているけれども、それは主客一体の未分化な「いま・ここ」の全体感覚の域にとどまっており、客体世界に対応する主体としての自分意識はない。したがって「いま」が「いつ」、「ここ」が「どこ」かの意識はなく、「いま・ここでいかにあるべきか」の主体的感覚はないものと考えられる。単純にいえば、与えられた環境に対して与えられた感覚受容器官に基づきもっぱら受動的反射的に行動しているにすぎない。主体性に欠けているのである。

人間だけが不本意な状況、ひょっとしたら客観的には意味のないおのれの存在を承知（それもまた自分意識のなせる業である）の上で、能動的すなわち主体的に行動できる。アウシュヴィッツを生き抜いた人たちは、頑健な体の持ち主でなく、絶望的な状況でなお生きる意味を見据えることのできた人たちであったという（フランクル　一九六一）。死刑を宣告された仲間の身代わりになったコルベ神父のことは、いうまでもない。

ただし主体性については、肯定的意味だけを強調できないところがある。もし不本意な現状を環境にも不運にも帰せられないとすれば、それらはすべて主体の責任になる。人を責めても始まらない。しかしこうなったのは自分のせいでない、と思えればなにがしか気の紛れることがある。ただし人間はみんな、いやおうなく主体的に生まれついている。自分には主体性がないと嘆く人たちは、だから、主体性のない生き方を自らの責任で主体的に選びとっているのである。したがってつけは必ず自分に返ってくる。好むと好まざるとにかかわらず、それはどこかで主体的に感じられており、逃れることができない。心の問題のほとんどは、主体性を回避しようとするあがきである。その範囲は、おそらく精神病レベルから日常のちょっとした気分の落ち込みにまで至っている。

人間が自由であるのは、どんな状況になっても主体的にそれに立ち向かう自由があること、平等であるとは、好むと好まざるとにかかわらず、人間はみんな主体的に生きざるをえないという意味においてである。そこにこそ、そしてそこにしか、人間のかけ代えのなさはない。

5　相対主義の限界

競争社会が必然的に格差社会を生ぜしめることを3で述べた。いやおうなしに勝ち組と負け組が顕在化するからである。これには世界中のマスコミが一役買っている。そして勝ち組になることが人間的価値の証であるかのような論調を繰り返している。そのため大方の人びとは、初対面の相手に対してもどちらが勝ち組により近いかを吟味する。評価の基準は、私の感じではお金である。もう少し広げれば、いままで述べてきた客観的価値、たとえば名誉とか社会的影響力である。いずれにしろ尺度が一本化されすぎている。主観（体）的価値は、要するに独りよがりということでほとんど顧みられない。

以前私の勤めていた高校はもと女学校だった。そのため広いグラウンドがなかった。甲子園大会に毎年参加していたが、ことごとく一回戦で敗退した。それが一度だけ三回戦までいった。全校が熱狂したが三回戦で惨敗した。しかし教師も生徒もＰＴＡもあすこまで心を弾ませたことはなかったと思う。甲子園の常連校からすれば、無意味な盛り上がりにすぎなかったろう。

しかしそうした主観（体）的感動は、しばしば客観的尺度を越えている。客観的尺度ではそういう全身的主観（体）的喜びを評価することができない。その結果負け組は傷つき怒り、ついには敗北感にうちひしがれる。そういうことが日常の人間関係にまで及んでいるのである。時にはもっとも親密な家族、友人、同僚など近しい人たちの間にまで広がっている。われわれが自分を評価するのに、多かれ少なかれ客観的尺度に頼るのは仕方がない。必要でもある。しかし最後のところでは、お互いをかけ代えのないもの同士とする主観（体）的触れあいが要る。それが失われている。いわゆる人間疎外現象が広がりすぎているのである。

だからといって勝ち組がすっかり満足できているわけでもない。五木寛之は作家として早くからデビューし、日本における勝ち組としてはトップクラスの存在と見てさし支えないと思う。その彼が二度も真剣に自殺を考え、現在も深刻なペシミズムに捕らえられているという（五木　一九九九）。負け組から見れば、あそこまで勝ち上がれば不満などあるはずがない状況で、必ずしも充足感が感じられていない。むしろかなりのことが自由になるからこそ、そうした自由では満たされぬ、いわば人間存在に必然的な不自由さに直面せざるをえなくなるのかもしれない。アメリカンドリームの体現者ともいうべきあるＩＴ関連技術者が、四十代前半の世間的には働き盛り、得意の絶頂で自殺したのも、客観的に何不自由ない状況であればこそ、それでは癒やされぬ主体的存在としての空しさに直面させられたのではないか。負け組は、あれさえあれば不全感が解消するのではないか、という幻想にしがみつく余地があるだけにまだ頑張れるのかもしれない。オウムがあれだけ多くの、その時点では勝ち組と考えられる若者たちを集めた（島薗　一九九五）のも、太宰治がダンテを引いて「選ばれてある者の怖れと喜びと、二つながら我にあり」と嘆いたのも、おそらく同じ文脈に属する。

勝ち組についてもう一つつけ加えると、引退せぬ限り死ぬまで戦い続けなければならないこと、である。昔、ローマに剣闘士と呼ばれる奴隷たちがいた。彼らは大観衆を前に死闘を繰り広げた。武器は自由。相手が戦闘能力を失うまで闘うから、敗者はほとんど全員が死んだ。莫大な報酬が与えられ、勝ち続ける限りもてはやされた。しかしおしまいには、おそらく体力の衰えもあって全員が倒された。最後には敗死の定められた戦いに駆り立てられていたのである。しかも奴隷身分に引退はなかった。近代競争社会の競い手たちは多くの点で剣闘士に似ている。停滞は退歩であり没落につながるとすれば、ひたすら進歩向上を目ざして勝ち続けることが、唯一の生き残りの途だからである。

しかしそれは、自由と平等を標榜する近代市民社会のはまりこんだ袋小路のような気がする。世界中の選りすぐった知能集団と考えられる政治家たちの、国際政治における実りのない愚かしい駆け引き、とくに出口のない軍拡競争にそのことが如実に反映している。おそらく数十人に満たない有力な国際政治家の判断で、世界中の人間すべての運命にかかわる決定のなされる現状は、まさしく人類史上未曾有の危機的状況なのである。

勝ち組がつねに少数で、大多数の者が負け組に落ち込まざるをえないことはすでに述べた。金メダルを手にする者はつねに一人である。その少数の勝ち組しか人間全体にかかわる重大決定に与れない。しかもその結果は各人が個人の責任で引き受けねばならない。五で述べるように、現代の大多数の若者は、いやおうなく負け組に組み込まれてしまう状況にある。若者たちは敏感にそのことを察している。それが彼らを、見かけ上短絡的衝動的な反社会的行動に駆りたて、〝良識ある〟おとなたちの顰蹙《ひんしゅく》を買っている。しかしそれを促しているのが最高の勝ち組の政治家たち、ないしは彼らとつながる同じく一握りの経済界における勝ち組なのである。しかも彼らが、必ずしも安定した心的状態にあるわけではないこともすでに述べた。となると大多数の負け組の若者たちが、まなじりを決し怒髪天を衝くのもかなりの程度避けられないことと思われる。

6　ウィニコットの逆説

以上、若者たちの怒りが、自分たちに責任のない、しかし現実に存在する不自由・不平等の結果について、個人として責任を負わざるをえないところからきていることを述べた。それは近代市民社会がその基本原理として個人の尊厳性を謳いあげ、あらゆる人間のもつ主体性を前提としているからである。しかし彼らの怒りをさらにかき立てるものとして、前の小節で触れた圧倒的な無力感を指摘する必要がある。

私がウィニコットの三点セットとして、授業中しばしば取り上げるテーマがある。ここで繰り返すと、①二人いるから一人になれる。②自立とは二人いて一人になれることである。③依存のない自立は孤立にすぎない、の三つである（ウィニコット　一九七七）。いずれも幼児と母親について述べている。①は、母親がいるからこそ幼児は安心して母親を忘れ、自分のしたいこと、たとえば積み木や絵本に没頭できる。②は、二人いるからいつでも二人では、幼児は一人でいる空間を奪われていつまでたっても一人＝自分になれない。だからまず母親が二人いながら一人になれねばならない。③は、十分に依存できるものだけが十分に自立できる、というウィニコット一流の逆説である。

ここで重要なことは、母親はつねにいなければならないが、それは忘れられるために、ということである。これは、母親も赤ん坊もいない、いるのは一組になった「母親と赤ん坊」であるという、母子一体感の中から、前節で述べた自分意識がどのようにしてめばえてくるのかの説明と考えてよい。単純化を怖れずにいえば、これを、帰るべき家があるからこそ旅は楽しい、ということになぞらえることができる。家に帰るのが悔しくてもっと旅を続けたい気持ちになれるのは、帰るべき家のあればこそである。さまよえるオランダ人のように、帰るべき場所を失った旅人は、どれほど豪華な旅を続けても心の安らぐことはない。

もしそうならば、近頃のとくに日本の若者は、帰るべきふるさとを失っているのである。それが親離れ子離れをかえって難しくする。二人いて二人のままの状態にとどまりすぎるからである。二人いて一人になることができていない。つまり自立していない。そのあげく唐突に一人になろうとして依存を切り捨て、さまよえるオランダ人的状況に陥っている。ウィニコット流の逆説を生きていないのである。それが二人状況を無視してグロテスクなまでに肥大した自己意識を紡ぎ出す。しかし依存を通してのより大いなるものとのつながり、先のことばでいえば忘れられるべき母親の存在、を見失っているので、現実場面に必然的な少しの挫折に踏みとどまることができない。いわゆる依存的支配の形で周囲を振りまわし、幻想的世界にとどまろうとする。たとえば物理的に母親がそばにいないと何もできず、トイレにまで母親についてまわる成人した娘のように、である。根底に絶望的な不安ないし無力感と、なによりもこんなはずではなかったとする裏切られ感がある。それが先の不平等感不自由感と重なり、恨みと怒りを一層募らせている。

これはおそらく、十分に依存感情を育む以前に、親の競争意識が子どもを駆りたてて競争原理にもろに曝してしまったからである。現実に存在する客観的な不平等、不自由に主体的に立ち向かう（これによってのみ子どもの成熟がありうる）ためには、おのれのかけがえのなさ＝基本的安定感がそこそこに育っていなければならない。それが十分に育っていないのである。われわれは、おそらく依存なしに自立できるほど強い存在ではない。にもかかわらず、というよりだからこそ、そういう弱みを承知した上でそれなりの自信を持たねばならない。表の自信は裏の無力感があってこそ柔軟なものとなり、顕在化した無力感は潜在的な自信によって支えられる。両者をつなぐのが周囲への信頼感である。これは周囲との包み込まれるような一体感から生まれてくる。一見相反する自信と無力感が実は支え合っているのだから、説明はいきおい逆説的になる。現在、競争原理に巻き込まれた大人たちには、包みこむ機能が弱まっている。それと裏腹に取りこむ機能が強化され、つまり子どものひとり居るべき空間に入り込み、子どもが独りになることを許さない傾向が強い。以上、現代の若者たちの多かれ少なかれ感じている怒りについて述べてきた。それが個人志向的な近代競争社会のもたらす必然的な結果ではないか、というのがこの論文の主旨である。

もしそうならば今日の青少年の問題は、彼らだけの問題というよりも、時代そのものが直面している危機状況の一つにすぎない。それを一言で言えば、広い意味での仲間意識の喪失ということになろう。そこで次節では、いわゆる伝統社会に色濃く残されている仲間指向性を取り上げ、そこから個人指向性がどのようにして出現してきたのかについて、考えることにする。

二　原始平等社会――仲間志向

1　森の民ピグミの共同社会

前節に述べたことは、近頃の若者たちには自分意識が十分に育っていない、ということである。ただし個人意識がないわけではない。むしろありすぎるほどにある。しかし自分意識には、明確な個人意識を図《フィギュア》とするその背景《バックグラウンド》に、十分に意識されていない深くて広い仲間意識の層がある。ウィニコットの逆説は、この個人意識と仲間意識との微妙な相互作用を捕らえているのである。

原始平等社会についてはまだ分からないことが多い。大部分が多分に想像を混えた推論である。しかし現在、多分大昔の社会がそうであったろうような生活様式を保っている人たちがいる。生産を行わない狩猟採集民の人たちである。そこに見られるものは、近代市民社会とはまったく逆の、安定はしているが貧しく、自由よりは束縛のきつい、しかし競争的というより協力的な仲間志向社会である。本節では主に、中央アフリカの森林地帯に住むピグミと、南アフリカのカラハリ砂漠一帯に住むブッシュマンについて考える。

ピグミとは、現在地球上からほとんど消滅したといわれる狩猟採集民の一つである。もっとも比較的最近は付近の農耕民との接触があるので、かつてのような完全な森の民とはいいきれぬらしいのだが、まだまだ古い共同体の生活様式を色濃くとどめている。食べ物は農耕民から手に入れる農作物のウェイトが大きくなっているが、乾期にはほとんど狩猟に頼って生活している。年に数回象狩りを行う。槍使いの名人がいて、採食中の象の柔らかい腹の下にもぐり込み、数十センチに及ぶ槍先を一挙に差し込んで退避する。一歩誤ると命を失う危険があり、村でそれのできる人は一人か二人しかいない。三人くらいのチームを組むが、狩りの成否はもっぱら名人の腕にかかっている。仕とめられるのは数回の狩りで一回あるかなしという。めったにないことなので、そうなると仕留めた獲物の場所に共同体が移動し、何週間か飽食の時を過ごす。驚いたのは、その際の肉の分配がほとんど平等になされることである。個人的所有権は認められており、名人の取り分はかなり大きいのであるが、複雑な分配のシステムがあって、結果的には各家族にほぼ同量の肉が配分されるのである。

通常の狩りは日に数回行われ、村の人がほぼ総出でする網猟である。この時も、獲物の分配が平等になるようなシステムがある。彼らには貯蔵する習慣がないので、獲ったものはその日の内に消費されることが多い。運不運があり、今日多く獲った者が明日獲れぬことがある。獲れぬ場合のため獲れた日に獲れなかった者に恩を売っておく、ということもあるらしい。いずれにしろ獲れたものが全体に平等に行きわたる習慣がある（市川 一九八二）。

狩猟採集だけに頼る厳しい生活条件の下では、群れの中の最強の者といえども独りでは生きていくことができない。象狩りの名人であっても独りでは象を捕れない。年に数回の狩りで成功するのは一回か二回とのことだから、それを当てにした生活設計は無理である。日常行う狩りには女性も子どもも参加する。かなり体力を消耗する作業である。それでやっと全員が生きつないでいる。群の中の力の弱い者の協力をも当てにしなければ、群全体を養うだけの獲物にありつけないのである。要するに群全体が協力してやっとやっていける。だから相互の連帯意識はいやおうなしに強まる。すでに家族集団が分化しているのだが、群の一人ひとりがお互いの存在の必要性を認めあっているのである。ここではつねに群全体の意向が優先し、個人意識の芽生える余地は極めて乏しい。にもかかわらずピグミにはリーダーらしい存在はいない、という。男たちの何とはない集まりの中で、何とはなく全体の方向性が決められるらしい。

白人がはじめてアフリカのマサイ族や北アメリカのイヌイット（エスキモー）と接触したとき、彼らは戦士ないし狩人として誇り高き人たちであった。西欧人の目から見ても、十分尊敬に値する人たちであったのである。それが白人たちの貨幣経済に巻き込まれると、観光客に写真を撮らせて酒代をせびりとる惨めな存在に堕落した。ユング（一九七三）も、白人に追われながら古い生活様式を守りぬくプエブロ・インディアンの人たちが、なお威厳を失っていないことを感動と共に記録している。彼らは太陽の運行に与ることによって、宇宙とのつながりを確かめていた。その生活様式が西欧の基準からは未開のレベルとされようと、それらはスタイルの差であって進化論的な尺度に当てはめるべきでないことは、レヴィ＝ストロース（一九七六）などの人類学者のつとに指摘しているところである。

今日、物的な豊かさと逆比例して心が貧しくなっていることが、先進諸国内でしばしばうんぬんされている。それは単に物好きな懐古趣味というよりも、原始共同社会がもっていた仲間指向性が近代競争社会において急速に失われつつあることへの警鐘である、と思っている。

2　砂漠の民ブッシュマン

森の民ピグミに対して、アフリカの南部カラハリ砂漠の周辺に住むブッシュマンは砂漠の民である。ピグミと同じく狩猟採集によって生活している。しかし白人との接触によって生活圏を奪われ、生活様式は大幅に変わっている。ただ昔からの生活を維持している少数の人たちが生きのびており、彼らを通してその生活をうかがうことは可能である。男はもっぱら狩りに従事しているが、獲物にありつくことは少なく、もしキリンのような大型獣が獲れると、ピグミの場合と同じく群全体がしとめた場所に移動し、食べ物のことを思い煩うことのない夢のような飽食の日がつづく。しかしそういうことはめったになく、食料は主に女が採集する果物、根菜、新芽などからなっている。そのため数家族からなるバンドを作り、食べ物を求めてかなり広い生活圏＝縄張りを移動しながら暮らしている。白人が遭遇したときには所有権という感覚が彼らになく、それが双方の大きな誤解を招くもとになったというから、原始共産的な生活を営んでいたのであろう。その点、共同体的感覚はより一体感的なものであったと考えられる。

しかしここで取り上げたいのは、それにもかかわらず彼らに棄老の習慣が連綿と続いていることである。ただしこの話はヴァン・デル・ポスト（一九八二）に拠っている。ブッシュマン社会に入りこみつぶさにその生活を経験した田中（一九九〇）は、それについてまったく言及していない。だから古老から聞き出したただのお話かもしれない。ただそれによれば、ブッシュマンは頻繁に移動を繰り返すのだが、それについて行けなくなった老人は、数日分の食料と水と共に放置されるのである。そして老人たちは、食べもののなくなる前に野獣に食われるという。移動は新しい食料を求めるためのものであり、動けなくなった老人と共に全員がそこにとどまることになれば、ほぼ確実にみんなが死ぬ。厳しいカラハリの周辺で何千年何万年を生きのびるために、そうした習慣が自然に発生した、あるいはそういう習慣を定着させた人たちだけが生き残った、ということであろう。

カンヌの映画祭でグランプリを取った『楢山節考』は、わが国におけるこうした棄老伝説を扱っている。エリアーデ（一九七四）によれば、棄老どころか食老が行われていた痕跡があるという。原始共同社会は、競争的市民社会には見られぬ仲間指向性が支配的であり、日々の厳しい競争に疲れているわれわれからは、時に牧歌的な幻想を抱かれがちであるが、殺老や食老を行わざるをえない過酷な一面を隠している。『楢山節考』には、村で蓄えた来年用の種芋に手をつけた家族が全員生き埋めにされるシーンがある。村全体が生きのびるためには、死をもってしか償うことのできぬ厳しい掟が科せられているのである。

こうした共同社会から、どのようなプロセスで近代的市民社会が生まれてきたのか、は歴史学の課題である。農耕牧畜が始まるにつれおそらく余剰生産物が蓄積され、僧侶、戦士、生産者といった階層が分化してきたものと思われる。その生産者階級の中から商工業者が台頭し、都市が成立するとともに市民階級が形成され、僧侶や戦士階級の特権を剝奪して、人権宣言にあるような、万人のもつべき自由平等の権利が明文化されてきたのであろう。

3　仲間志向と個人志向——家族について

現在、家族心理学は微妙な段階にきているような印象を受ける。時代の変化に応じて柔軟に変化すべきなのか、家族を家族たらしめている本質な機能を維持すべきなのか、という問題である（日本家族心理学会 二〇〇八）。国際的にも国内的にも、家族の機能が大きく変化しつつあることは否定できない。その根底にジェンダーの問題のあることは明らかである。いわゆる役割分業説が時代遅れの考え方であることには、多分異論はないと思う。さりとて家族をどの方向にもっていけばよいのかについて、大方の合意が得られているとはとても思えない。

授業で、家族の本質というべきものがあるとすればどういうものかが議論されたことがある。その時一つの小説を紹介した。作品としてではなく、出だしの設定の部分である。アメリカの大統領から日本の首相に緊急の電話が入る。事故で核弾頭つきのミサイルが日本に向かって発射された。四時間後に東京の上空で爆発する。阻止する手段はない。申し訳なし、というものである。そこで緊急の閣議が開かれる。これを都民ないし国民全体に告げるべきかどうか。もし告げたならば東京を脱出しようとする人たちを中心に大混乱が起こる。さりとてこれだけ重大な情報を国民に伏せておく訳にもいかない、と。授業では、四時間後に確実な死が訪れると分かったとき、単数であれ複数であれ一緒にいたい人がいるか、が問題となった。親か、子どもか、恋人か。誰もいないとすればどこへ行ってなにをするか、などである。そして、一緒に死にたいその人がほんとの家族ではないのか、というようなことになったと覚えている。

もとより架空の話である。しかし教室にいた全員が何となく納得した感じであった。つまり、死の訪れが免れがたく、かつ移動のための若干の時間的余裕のある場合、人間はおそらく独りで死ぬことに耐えられない。その時、お互いが心理的にも身体的にも包みこみ包みこまれるような状況が必要なのではないか、ということである。

もともと人間は群を作る動物である。そういう動物には、とくに同じ群に属する仲間との間に特別な感応能力が備わっているのではないか。人間の場合には、それが共感能力として残っている。これはすでに乳児期から、共同注視や原叙述的指さし行動として注目されてきた。そのため親からする情動調律の重要性が指摘されたり（スターン 一九八九）、そうした相互作用は双方が意識することなく起こっている（杉山 二〇〇〇）、といわれたりもする。おそらく生物学的生理的基盤がある。生後すぐに母親から離されたアカゲザルが、人間でいえば自閉的行動を示すハーロー（一九八五）の実験は有名である。前節で述べたウィニコットの逆説も、こうした意識しているのかどうか分からない母子の微妙なやりとり、を記述したものである。以上のことは、要するに前節で述べた自分意識の生成されるプロセスに関している。これは、意識がプロセスであり、顕在化した意識と潜在的な意識とがつねに同時的に相互に作用しあう一つの場を作っているからである。（詳しくは氏原 二〇〇九）。ユング派的にいえば自我－自己軸ということになろう。

われわれが生きているのはつねに「いま・ここ」の場である。しかし自分意識が芽生えてからは、好むと好まざるとにかかわらず、「いま」が「いつ」か「ここ」が「どこ」かの客体化が行われる。「いま・ここ」でいかにあるべきかを見定めるためである。この「いつ」には客観的な今、たとえば平成二〇年八月一六日も、主観的な今、たとえば現在七〇歳六か月、余命はおよそ七、八年、という認識も含まれる。もちろんまったく客体化＝意識化されぬプロセスもある。「いま・ここ」の状況に対応する生理的反応の多く、たとえば気圧や湿度に対する反応を意識することはめったにない。しかし感じているのだけれど気づけないだけ、と考える余地はある。いずれにしろ、顕在的意識と潜在的意識とは全体として纏まった一つの場を形成しているのだが、しばしば若干の、時にかなり大きいズレを生ぜしめることがある。これが慢性化したものを心的不適応と考えてもよい。

しかし、これが突如顕在化して一つの洞察として体験されることがある。それがこの小節のはじめに述べた、東京上空の核爆発である。そこで唐突に明日が断ち切られる。人びとはいやおうなしに「いま・ここ」の自分に集中せざるをえない。その時、意識の背景にあって、かつ、つねに「いま」の意識を支えていた「本当の」気持ちが顕在化する。キュブラー＝ロス（一九七五）のあげる青年は、エイズが発症して一つだけよかったこととして、「今まで心のどこかで感じていながら明日（金や地位や名誉のことである）のために押さえてきた、自分にとって一番大事なものに気づけたこと」と述べている。

それは、人に対する優しさであった。トルストイが晩年家を出て雪の中に行き倒れたのも、若いときからの課題を引きのばし引きのばししてきて、とうとう自分にとって「本当の」生き方に出立してのこと、といわれる。

家族の起源については諸説がある。田中（一九九〇）はチンパンジーとブッシュマンとの社会生活の類似から出発し、食べものを分配しあう特定の小グループが析出されてきたことを指摘しており、河合（一九九二）は母子集団に父親の加わったもの、としている。しかし社会的文化的要因の強さは否定できないにしても、先に共感について述べたように、生物学的要因が多分に絡んでいるのではないか、と私は考えている。しかし主体的な個人志向性はしばしば仲間志向性を超える、というより抑圧する。どのようにそのバランスをとるかが、あらゆる人間にとっての究極の課題なのであろう。そして近代市民社会は、万人が自由平等であるとする概念を見出したのであるが、あまりに競争原理を露わに示すようになり、勝ち組も負け組も一様に息を切らせているのではないか。何とかバランスを回復しようとする動きも、勝ち組による負け組への配慮の域を出ていない。せいぜいノブレス・オブリージュ――しばしば一種の気まぐれである――としてうんぬんされる程度にとどまっている。

さて、仲間志向的な家族が解体し個人志向性の出現してくるプロセスを、中岡（一九八六）が報告しているので紹介しておく。戦後間もない昭和三〇年代の京都西陣の話である。西陣織りにつながる手工業者の多い地域である。著者はその頃その地域の定時制高校の教師であり、生徒たちのさまざまな相談に応じることが多かった。そこで生徒たちの口々に言っていたのが、家庭における父親の権威のなさであった。祖父が家長として実権をふるっていたのである。しかし現実に一番の稼ぎ手は父親であった。生徒たちもみんな昼間は働いている。それらの収入をみんな合わせて家族全員がなんとか凌いでいたのである。それなのに現在引退して収入のない祖父が万事をとり仕切り、自分たち個人の生活にまで口を出しそれに対して父親が何も言ってくれない、という不満であった。ここでは旧憲法の戸主権の名残が影を落としている。ただしそれについて取り上げることはしない。その頃、朝鮮動乱のあおりで、日本経済はようやく戦後の荒廃から立ち直りつつあった。そのせいもあってか、子どもたちはやがて自分たちの収入で何とかやっていけるようになる。そして窮屈な家を離れてかつかつながら自立してゆくことが可能になりかけていた。そうなれば全体をとり仕切る存在はもはや無用となる。こうした変化が、大量の安い賃金労働者および新しい消費者の創出につながった可能性は大いにある。しかし子どもたちはまがりなりにも家を出て自立し、よきにつけ悪しきにつけもはや自由を手放すことはなかった。こうして古い仲間志向的家族形態は崩れていった。

三　永遠の少年の誕生

1　新人類の出現

前節までに、近代市民社会が社会に活気と豊かさをもたらしながら、ある種必然的な帰結として競争原理を導入し、その結果勝ち組も負け組も、形は違うけれども等しく追い立てられるような不安定な状況を生み出したことを述べてきた。おそらくそれが、一九六〇年代から盛り上がった怒れる若者たち——ほとんどが大学生たちである——の世界的な運動の底流にある。しかしそれが「大人たち」によって押さえ込まれると、更に新しい形の若者たちの動きが目についてきた。それが永遠の少年たちの登場である。わが国では当時の大人たちから見て理解しにくい若者たちが、一九八〇年前後より目立ちはじめ、新人類と名付けられた。

新人類に、「課長は〝本当に〟出世したいのですか」と尋ねられ返答に窮した、といった話がよく聞かれた。「会社員になった以上人並みの出世は目ざしているが、それだけが目標ではない。それを白か黒かで決めつけられると答えようがない」というわけである。あるいは社員旅行に際して「これは仕事かプライベートな行事か。仕事なら仕方ないから行くけれども、出張旅費は出るんでしょうね。プライベートなら、わざわざ温泉に行くのに堅苦しい上司とより、気のあった友だちと行く」と言われて納得させるのに四苦八苦したという、幹事役の先輩社員の苦労話が伝えられもした。多分わが国だけの慣行であろうが、公私定かならぬ場で仲間意識を固める、という趣旨を理解しようとしない。理屈は彼らの方が通っている。それを臆面もなく言ってくるので始末が悪いのである。その上、気に入らないことがあるとすぐにやめる。寄らば大樹の陰といった趣きはほとんどない。他意はなく、それをあっけらかんと言ってのける。人当たりはむしろ明るく軽妙で、とくにトラブルがあるとは思えない。

これらの若者たちを、フォン・フランツ(一九八二)はユング派のいう永遠の少年として、サン＝テグジュペリの『星の王子さま』を例にとって説明している。これをウィニコットの逆説でいえば、二人関係に取りこまれて自立できていない、ということである。だから子どもは、ここで象徴的な母殺しを行って大人にならなければならない。伝統的社会では、イニシエーションの儀式によって有無をいわさず集団的に行われていたことである。永遠の少年たちは、二者関係にどっぷりつかっているので、怖いもの知らずの万能的幻想をもっている。しかし母にまもられて、または閉じこめられて、現実をほとんど知らないので時に外界に対して情熱的な飛躍を試みるが、少しの挫折にたえることができず唐突に墜落し、再び濃密な二者関係に呑み込まれる。もともとは穀物神で、秋に刈り取られ春に甦る死と再生の繰り返しを象徴している。

河合（一九七六）は、新人類に同じく永遠の少年のイメージを重ねるが、日本の母性社会に特徴的な場の倫理に、いかに父性的な個の倫理を取りこむか、それによって近代社会に失われたイニシエーションを個人的レベルでどうとり行うかに問題があり、彼らはそれと気づくことなくそこに駆りたてられているので一概に否定的に捉えることはできない、という。

笠原（一九七七）は、大学における長期留年者との経験を踏まえて、彼らがまじめで几帳面、面接態度も折り目正しく、生き生きしておりほとんど異常を感じられない。かつては三年以上の留年生は統合失調症と考えてほぼ間違いなかったが、感情の疎通性も十分ありとても精神病とは思えない。げんに学業以外のところでは活発に活動している場合が少なくなかった、という。さらに調べてみると、大学生に限らず、若い会社員の中にも似たような無気力症状を示すものの多いことに気づかされ、これらを退却症候群と呼ぶことを提案した。彼らは自らの限界ないし劣等性に直面することを極力避け、おのれの真価の問われるような場面からは退却してあえて試みようとしない。いわば遊びでなければ本気になれない若者なのだ、と述べている。

小此木（一九七八）は、エリクソン（一九七三）の発達図式にしたがって、彼らをモラトリアム状態にある、とした。モラトリアムとは経済用語で、銀行でとりつけ騒ぎが起こったとき、払い戻し期限を猶予して支払い不能による倒産を防ぐ制度である。エリクソンはそれを、若者が大人になるまでの間、おのれの限界と可能性を確かめる試行錯誤の時期、に当てはめた。つまり、自らのアイデンティティをまがりなりにも確立し全力投球をするべき時が来るまでの準備期、としたのである。通常は学生時代がその時期と考えられている。しかしこのごろの若者は、大学を終えて就職してもまだ時が来ないとしてモラトリアム状態にとどまっている、というのである。「いま・ここ」の状況に本気で取り組めないところは退却症候群と重なるが、それをアイデンティティの問題として考えようとするところに特色がある。

以上諸家の見解について簡単に触れた。共通しているのは、彼らが自立と依存の狭間に落ち込んでもがいている、ということである。自分の可能性を最大限に生かそうとして、できるだけ自由であろうとしている。しかし自由と平等は、自分のおかれた不自由かつ不平等な状況を引き受けて、主体としてどう生きるかを確かめることなしに具体化することはできない。その際必然的におのれの限界や劣等性に直面せざるをえない。これを職業という領域に限っていえば、われわれは教師、自営業、銀行員、芸能人その他何にでもなることができる。その意味では無限の可能性に開かれている。しかしその内の一つを選ぶと他のものは大抵諦めなければならない。だから永遠の少年たちは、すべての可能性を失うまいとして、いつまでもモラトリアムの状態にとどまっているのだ、ともいえる。

大人になるとは、だからそういう自分をまず自分として引き受け、その上でおのれの可能性をどう生きるかを見定めることに他ならない。まず放棄、犠牲、諦めが要るのである。その限り永遠の少年たちは、おのれの限界にあえて目をつぶっていつまでも万能的幻想にしがみついており、大人になりきれていない。

2　永遠の少年の心性

私自身、彼らの行き方の根底には自分らしく生きたいという積極的な思いがある、と考えている。近代社会が競走社会であることはすでに述べた。それは比較の社会である。人と人を比べて優劣をつけることは、昔から人類にとって大きな楽しみであったのであろう。オリンピックでも、誰が一番強いのかという品定めに世界中の人が熱狂している。金メダルを取って涙する選手も少なくないし、大観衆も人ごとながら温かくそれを見守っている。どうしてそうなるのか。一つは共感的相互作用である。われわれは歌い描き芝居をする。それらはすべて聞き手、見る人、観客を前提としている。赤ん坊は誕生のはじめから周囲に働きかけており、周囲からの反応があってはじめて存在感を感じることができる。すでに述べた情動調律である。人間とはそれだけ共存在に開かれた存在なのである。

だからオリンピックで走り泳ぎ跳ぶことは、すでに競走相手および観衆を予想しているのである。勝つ喜びと敗れる悔しさが共有されている。それが勝者、敗者、観衆あるいはテレビの前で見ている人をも包みこんで一つの場を作っている。一人ひとりの思いは個別的なものであっても、大きな場の共有体験を通してみんなが一つになっている。それがオリンピックならではの感動を生み出しているのである。

ただしもう一つ重要なことがある。それは、にもかかわらず勝つことに直接の意味のないことである。百メートル競走で世界新記録を出して勝ったところで、馬より早く走れるわけではない。水泳で八種目の金メダルを取っても魚のようには泳げない。そのなんでもない、つまり実利的に何の役にも立たぬことにみんなで情熱を燃やすのが遊びなのである。そうした情熱を共にすることが一つの場を作り、それが非日常空間を醸し出す。だからオリンピックは、巨大な遊び、いわば祝祭の場なのである。古来遊びは人間に本質的な営みであったことは、つとにホイジンガ（一九七三）が指摘している。比較することはそうした遊びの一つなのである。

いまのオリンピックが、そうした祝祭空間になりきれているかどうかは疑問である。現実的利害が多分に入りこんでいるからである。先に、永遠の少年は遊びでないと本気になれない、と述べた。祝祭の時を求めているかに見える。この「時」をコムニタス状況（ターナー 一九九六）と考えてよいのではないか、と私は思っている。これは神話的にいえば始まりの時、心理学的には主客分離以前の混沌とした状況である。我も汝も、男も女も、大人も子どももない状況である。個人の析出される以前の状況だから、お互いの優劣を比較するなど思いもよらない。それだけ未分化なのだが、だからこそ全体と融合した一体感を感じているのは、比較以前の、あるいは比較を越えた、まったく主観（体）的なおのれの実感である。本能的、即座的、自発的で生命力に満ちている。この層は、顕在的な日常場面ではほとんどの場合、潜在的いわば無意識的な背景に沈んでいるが、それとのつながりを失うと、われわれの生活は一挙に生気を失う。

こうしたコムニタス状況に対応するのが社会的構造である。これはより意識に近く、理性的、客観的、現実適応的である。「いま」が「いつ」か、「ここ」が「どこ」か、「いま・ここ」でいかにあるべきか、はそれによって計られる。したがってこれがないと、われわれは現実生活における方向性を見失い、多かれ少なかれ混乱する。コムニタス状況とは一見矛盾するかに見えて実は相補的に機能しあっている。ただしそのためには、コムニタス状況が社会的構造の枠内にしっかりと組み込まれている必要がある。旅という非日常体験が、帰るべき日常空間を前提するゆえに意味あるものたりうるように、である。

永遠の少年たちは、だからはじめの時に戻りたがっているのである。おそらくあまりに遊ぶことが少なかったからだ、と私は思う。生きるためには働かねばならない。それは現実そのものである。そこで放棄、犠牲、諦めが繰り返し必要なことはすでに述べた。多分そのために人間には遊び＝祝祭空間が不可欠になったのではないか。遊びは息抜きである。現実的な意味でムキになっては遊びにならない。遊びはもともと現実的に無意味であるからこそ意味がある。永遠の少年たちのいい加減さはそこからきている。

現代が競争社会である以上、比較を免れることは不可能である。われわれは多かれ少なかれそれに耐えねばならない。この時、比較を越えた自己承認がいる。永遠の少年たちにはそれが欠けている。あるいは乏しい。一つには、大人たちがあまりに早く子どもたちを競争原理に駆りたて、一面的価値観に基づく競走場面（たとえば進学競争）に放り込んだことによる。おのれのかけがえのなさとは、自分には自分でないと実現できないユニークな意味が備わっている、とする実感である。それが自分以外の他者によってかけ替えのない存在として扱われてはじめて身につくことは、すでに述べた。お互いをお互いにとってかけがえがないと認めあう、伝統的な仲間社会では当たり前のことであった。

もう一つは遊びの欠如である。子どもたちは多く二者関係に絡め取られ、一人である空間を失なっている。あるべきありようにがんじがらめとなり、自分自身の感覚や感情を見失い、非日常的な遊び空間を体験しにくくなっている。遊びそのものが、現実的目的に奉仕する仕事になっているのである。無意味な遊びに意味を見出さねばならない。意味のないところに意味のある逆説を体験できていないのである。それはオリンピックの商業化とパラレルな現象である。両々相まって永遠の少年たちは、自己承認の育ちにくい環境に囲い込まれてきた。新人類の出現には、そうした親世代社会に対する若者たちのあがき、必死の異議申し立てという一面がある。

3 永遠の少年の生態——フリーターの出現

逆説的であるが彼らは自立を目ざしている。新人類として世間の注目を集めた昭和六〇（一九八五）年頃、彼らは生きるためには働かねばならぬことをまだ知っていた。そこがその後現れたパラサイト・

シングルやニートとまるきり違う。彼らは何よりも呑み込まれることを嫌った。相手のペースにまきこまれて自分を失うことを怖れたのである。それは、自分たちがいつの間にかおとなたちの価値観に取りこまれ、自分らしく生きていないことへの気づきでもあった。その限り思春期青年期にかけて、いつの時代にも若者たちの直面する同じ課題にぶつかっていた、とも言える。そう考えると彼らの出現は、二〇世紀後半の、とくにわが国の場合、バブル期をめぐる特定の時期に顕在化した若者たちの、一つの姿であったのかもしれない。しかし根底には、競争原理に基づく近代市民社会の個人志向が破綻する直前、時代の転換期の最後の輝きだったのか、とも思われる。

もちろん競争社会でお互いをつねに比較し、勝ち組にしろ負け組にしろ、戦々恐々として馬車馬のように働くことは、彼らの意図にまったく反することであった。自由に働く人、フリーアルバイターという英語とドイツ語の合成語、それを縮めたフリーターがこうして誕生したのである。ただし比較的最近のフリーターは、ここでいうフリーターとはかなりニュアンスが異なる。本人の意図に関わりなく定職につけない人をさしている。ただしそれについては五で考えるのでここでこれ以上取り上げることはしない。

永遠の少年たちが縛られることを極端に嫌ったことはすでに述べた。定職に就いたり結婚したりすると、多かれ少なかれ自分を殺して相手に合わさなければならない。だから働くとすればアルバイト、愛し合えば同棲ということになる。嫌になればいつでも解消できる自由を保留することで、働く側と雇う側、愛するものと愛されるものの立場は五分五分とされた。雇用関係や愛情関係に限らずあらゆる人間関係に上下はなく、少なくとも永遠の少年の側には、対等の人間同士の契約関係という暗黙の了解があった。

そこで次のような話が伝えられもした。スーパーの店長の話である。ある若者を雇った。これが陰ひなたなくよく働く。商品の並べ方などいろいろ工夫して、客あしらいも上々である。余程この仕事に向いていると思い、破格の条件で常勤になるように薦めてみた。すると翌日からぷっつり来なくなった。この頃の若い奴の気が知れない、と五、六歳しか年の違わない店長がぼやいた、というのである。

そんな話がいっぱいあった。彼らはあらゆる人間関係を対等と考えているので、誰とでも気軽につきあう。権威を怖れないから社会的に優位にある人に対しても、しかるべき敬意を示さないことが多い。それで不愉快がられることも少なくない。その代わり、世間一般から毛嫌いされているような人とも気軽につきあう。出世とか金や名誉を求めると相手のペースに合わさねばならないので、少なくとも表面的にはこだわらない。気さくで軽やかであたりがよく、ある種の危うさを伴いながら輝くように爽やかである。ただしこれは、彼らが煩わしい人間関係を好まないからである。彼らは傷つきやすい。どろどろした人間関係が苦手である。だからあらゆる人間関係をその場限りのかりそめのものにとどめようとする。それによって自分を殺さねばならない状況に陥ることを避けている。その代わり相手を殺すようなこともしない。万事なあなあで、対決しなければならぬような深い関わりを持とうとしない。自分を殺さずにすまそうとするあまり、十分に自分を生かすこともできずにいる。そこに少なからぬ葛藤を抱えているのだが、そのことにあえて気づこうとしない。たとえば先にあげたスーパーのアルバイターの場合、突然出勤しなくなることが店長はじめ多くの人の迷惑になることを、本人はほとんど気づいていない可能性がある。しかしそれらについては、本節の4以下で詳説する。

しかしそれで、とりあえずは自分のしたいことを優先できる状況が開かれる。今まで競争社会の圧力に押しつぶされていた状態から解放され、束の間にしろ自由に飛び跳ねることができていた。その頃、月曜日はサッカー、水曜日は歌、木曜はギター、火曜と金土が空いてるから仕事をするか、といった若者がかなりいた。中には乗馬を楽しむ者もいた。だから仕事はすべて自分のスケジュールに合うものでなければならない。となれば常勤は無理、アルバイトにならざるをえないわけである。稼こうと思えばもっと稼げるが、そんなに稼いでも仕方ないからね、などと豪語する者もいた。もちろんこうしたことが可能であったのは、バブルのはじける以前、『ジャパン・アズ・ナンバーワン』といった本が出るほどに経済界が活況を呈していたからである。彼らは当時の教育ママ（モンスターペアレントに比べて、今となれば懐かしい響きがある）からすれば目をむくほどの「よい」大学出身者が多かった。笠原（一九八四）のいうアパシー学生も多く含まれている。歌は楽しいから歌うので、上達するために、ましてや金儲けのためなどというのは純粋さに欠けるといい、何人かで集まって自分たちで作った怪しげな花火を打ち上げ写真も撮らない。そのものにはそのもの自体の価値があり、何か他のためというのはすでにおかしい、などという書生論をぶつ者もいた。青臭いといえば青臭いのだが一面の真実は言い当てており、大人を辟易させるだけの「理論」も持ち合わせていた。小学校はよい中学にはいるための、中学校はよい高校、高校はよい大学、大学はよい就職のためといった、何事もそれ以外の何かのためということで尻をたたかれ続け、それ自体、ということは自分自身、の価値を感じられなくなったよい子たちの「反乱」、という意味は確かにあったのである。

4　道具的人間関係

以上、新人類がフリーターになる必然性のごときものについて述べてきた。それは彼らなりの自立＝自由を求めての動きでもあった。しかし二者関係におけるウィニコットの逆説を生きていない彼らにとって、自立とは依存を切り捨てることであった。彼らとても、現代社会においてわれわれが一人で生きていけないことは承知している。たとえばピグミにしろブッシュマンにしろ、着るものも食べるものも住む家もすべて自分たちでまかなわねばならなかった。近代は分業の社会である。われわれはおのれの長所を生かして金を稼ぎ、自分で調達できぬものはそれでまかなう。そのためには好むと好まざるとにかかわらず、他者と関わらねばならない。もっと大切なことは、いやおうなしの心理生理的欲求を充足するためには他者の存在が不可欠なことである。そこである程度の依存は避けられない。しかしお互いが納得の上で、その場限りのギヴアンドテークの関係を保つことができれば、当の相手がいなくなっても代わりの相手を見つけることができる。納得というのはお互いの利害関係が一致することで、もしもっと有利なギヴアンドテークが可能ならば、相手を代えてもよいわけである。一種の契約関係なのであるが、おのれの欲求充足が一番であり相手の人間的魅力は二の次になる。こういう関係を道具的人間関係と言う。そこで次のようなことが起こる。

三〇年くらい前の話である。ある剣道場に若い会社員が入ってきた。師範はもと教師で、稽古の後若い人と飲みに出ていろいろ話すのを楽しみにしていた。当然若いその会社員も誘うのだが乗ってこない。「師範は丁寧に教えてくれるし仲間も気に入っている。しかし私はここに剣道をしにきている。飲みに行くのならもっと楽しい飲み仲間と行く」と言うのである。無理に誘うと道場に来ることまでやめそうなので、できない。「なんともはや、この頃の若い者は……」というのが師範の嘆きなのである。

この場合問題なのは、若者が道場仲間との関係を、剣道を楽しむという欲求充足の面に限定していることである。しかしわれわれは、多様な欲求のただの集合体ではない。それらの欲求を統べる中核としての自分意識がある。それは、明確に意識されることはめったにないが、背景にあってつねに現在の意識に影響を与えている全体感覚である。

あらゆる人間関係は、こうした全体的な自分と全体的な相手との関わり合いであり、部分的欲求充足という面を持ちながら、「いま・ここ」でしかありえない全人格的なこの人とこの私との出会いともいうべき、かけがえのなさをも含んでいる。「袖すり合うも他生の縁」とか「一期一会」ということばは、そういうことを意味している。この若者の剣道仲間との関係からは、その面が完全に脱落している。相手の存在が欲求充足のための、文字通り道具化しているのである。永遠の少年たちは、こうした道具的人間関係を張りめぐらし、他者に依存することなくあらゆる欲求充足を可能にした。しかしそれは、全体感覚から遊離した部分的欲求の充足にとどまり、完全に自立したはずの状況でかえって全体的な自分感覚を見失い、一層深い空しさに捕らえられている。次節ではそれについて考えたい。

四　永遠の少年における光と影

1　意味の喪失

前節の3で、永遠の少年たちがしたいことを優先させることを述べた。したくないことはできるだけしないですまそう、ということである。しかし人間は食わねばならない。食うためには働かねばならない。ごく単純化していえば、それがしなければならないこと、つまり仕事ということになる。ピグミやブッシュマンは食べものを手に入れるために一日のかなりの部分を費やす。それは過酷な労働である。形態は著しく異なるにしても、われわれにとっても、生きるために働かねばならぬところは狩猟採集民と変わらない。

すると、したいこととはいったい何なのかが問題となる。フランス人は食べるために働きイギリス人は働くために食べる、ということばがある。多分、イギリス人は生命を維持する（そして働く）ために食べ、フランス人は生命のプロセスを生きる（楽しむといってもよい）ために食べる、ということであろう。となれば、イギリス人は目的を達成する手段として食べるが、フランス人は目的そのものとして食べるのである。だから食べることには、手段としての意味と目的としての意味の両方がある。このことばは、イギリス人とフランス人の国民性を表すジョークとして作られたものであろう。しかし人間が「いま・ここ」の命のプロセスを生きることと、「いま」が「いつ」で「ここ」が「どこ」かを見極めて「いま・ここ」でどうあるべきかを見定めることの両面の間をゆれ動く、というよりも両面を同時的に生きる存在であること、を示してはいる。これを今日と明日の二律背反、消費と生産のバランシングの問題と考えてもよい。

ここではじめの問題に戻って、しなければならないことを食べものを手に入れるための「手段」、つまり働くこと＝仕事とすれば、したいことをするとは仕事をしないこと、つまり遊びということになる。それはそれ自体が「目的」であるからそれだけで完結した行為であり、それ以外のことには何の役にも立たない。だからこそ遊びなのである。そこで仕事することを日常的営みとすれば、遊びは非日常的営みとなる。そしてすでに述べたようにホイジンガ（前掲書）は、遊ぶことを人間にとって不可欠のこととした。自分意識が、日常的で決まり切ったしかも過酷な営みに倦んだとき、いまいちどはじめの時に帰ることによってあらためて生まれ変わる祝祭空間として、である。それによって忘れられていた命のプロセスが感動と共に甦る。空腹時に食べる握り飯がのどから食道を通って胃に落ちるとき、理屈抜きの充実感があるように、である。飽食の後の山海の珍味にそうした感動を呼び起こす魅力はない。どころか嫌悪感さえ引き起こす。したいことをするときは喜びに満ちていなければならぬ。「食べることを生きる」ためには空腹感が不可欠である。つまり、しなければならぬことがいっぱいあって、したいけれどもする暇のない状況である。それは文字通り、時を盗んで遊びの時を作り出す創造的行為なのである。

ただしそれは、日常的時空間の中に明確に位置づけられておく必要がある。たとえば一週の内の安息日のように。あるいは世界各地の祝祭が、定められた時、定められた場所、定められた人びととの関わりを通して執り行われるように、である。それがないとわれわれは、遊びの中で自分意識を見失い、完全な方向喪失に陥る危険がある。永遠の少年の中には、ときにこうしたバランス感覚を失い、そのことに気づいていない場合がある。芸術家と呼ばれる人たちの多くには、永遠の少年的心性が色濃く認められるが、時に常軌を逸した振る舞いに及ぶのをそのせいと考えてもよい。

ところで永遠の少年たちが望むように、しなければならないことがなくなるとどうなるであろうか。おそらくしてもしなくてもよいものばかり残るのではないか。しなければならないこと（先の定義では仕事）がないのだから暇はたっぷりある。その気になればしたいことはいつでもできる。しかしそうなると、とくに今やりたいという気持ちはかえって失せるのではないか。遊びは、時のない時間、非日常の祝祭空間を作り出す。だからこそ日常的時間ないし空間の中に明確に限定しなければならぬことはすでにのべた。ここで日常性を仕事・生産・社会構造、非日常性を遊び・消費・コムニタスになぞらえてよいとすれば、後者は前者に組み込まれてこそ意味を持つ。「いま・ここ」は「いま」が「いつ」か「ここ」が「どこ」かが日常的枠組みの中に定位されてこそ、その意味が明らかになる。しなければならぬこと＝仕事があるから、してもしなくてもよいこと＝遊びをする意味が浮かび上がるのである。ここで大切なことは、それらが一見相反的に見えて、実は相補的に機能し合っていることである。一で述べたウィニコットの逆説がここでも働いていることが分かる。

しなければならないことをしないのは、休息のためだけではない。何もしないことを「する」という積極的な意味がある。つまり、主体的存在としての人間には、しなければならないことをするか、あえてそれをすることをしないかの、選択の余地がある。その選択の余地が、何もしない非日常的空間から、しなければならぬ日常空間への移行を可能にする。というより、日常空間が背景ないし枠組み、つまり潜在的可能性として非日常空間を支えているのである。逆にいえば日常空間も、非日常空間への移行可能性によって支えられている。相反的に見える遊び（非日常性）と仕事（日常性）との相補性とはそういうことである。

永遠の少年たちが、しなくてはならないことをできるだけなくそうとする場合、何もしないことを「する」能動性が失われる。何もしないことを「する」ことには、しなければならぬことをすることが、何もしないことと同じく無意味であるとする認識がある。そういう無意味な日常性をこじ開けて、日常的には無意味なことをあえて「する」ところに、日常性を超えた新しい意味の創造がある。しなければならない、強いられたその限り無意味な日常的仕事から離れ、自発的な内なる動きに促されて、日常的には意味のないことをするところに意味が生じる。もちろん日常性への回帰が即座に可能であるからこそであることは、すでに述べた。それが遊びへの意欲をかき立てるのである。

永遠の少年たちは、何よりもしたいことを優先させるはずであった。しかしそれが、しなければならないことをできるだけ少なくしようという方向に動くとき、非日常的な遊びは対極を失ってそれ自体が日常化してしまう。しなければならぬことがないから、ことさら何もしないことを「する」必要もない。

となると何をするかはその時次第の気まぐれとなり、自分が何をしたいのか分からなくなってしまう。その結果、自分らしく生きるという当初の目標とは裏腹に、外界の状況に振りまわされるまったく受け身の状態に転落する。自分という存在が感じられず、外界に呑み込まれたような感覚に捕らえられ、無気力と退屈に埋め尽くされたニヒリスティックかつシニカルな気分を免れがたい。

以上、永遠の少年たちが、競争的資本主義社会の型にはまった日常性に反抗し、自発的で自然な非日常性を日常に取り入れようとしてきたことを述べてきた。惜しむらくは、彼らが両者の相反性にのみ注目し相補的反面を見逃したことである。遊びが仕事あってこそ創造的な相を表し積極的な意味を持ちうるのに、仕事を否定することによって遊びの非日常性を日常レベルに還元してしまった。そのため非日常であるがゆえの魅力を失った遊びは、当初の輝きを失ってしまった。彼らは、しなければならぬことを無くすことによって、したいと思うものまで失ってしまった。結果は、やりきれないニヒリズムである。意味のない日常性に意味あるものを甦らせようとして、日常性を意味あらしめていた非日常性まで抹殺したのである。

2　アイデンティティの喪失

永遠の少年たちが、道具的人間関係のネットワークを張り巡らせて自立を目ざしたことは前節の4で述べた。それによって個々の欲求は他者と深く関わることなく満たされるようになった。相手を欲求充足の道具としてしか見ないことによる。だから極端にいえば、ロボットでもよいのである。近頃は自動改札機が普通になったが、以前は改札係がいた。その際客は、切符を切ってくれさえすれば改札係の人間性を問う必要はなかった。だからこそ自動改札化は異議なく受け入れられたのである。永遠の少年たちは、あらゆる人間関係に同じような関わり方を期待する。相手を人格的存在とは見ないのである。彼らの一見軽妙な他者との関わりは、その底に意外なほどの冷たさを秘めている。前節の若者が剣道師範の誘いをあっさりと、しかしにべもなく断ることができたのはそのためである。その際、相手がどんな気持ちになるかはまったく顧みられていない。

しかし人間は好むと好まざるとにかかわらず、お互いに犯し犯される存在である（村本 一九七四）。お互いに影響されざるをえない。それは人間が全体的存在だからである。選択的非注意（逆にいえば注意）によって、われわれはある瞬間に受容した刺激に等しく反応することはないけれども、そこで選択が行われるのは選択する何らかの機能が働くからである。だから改札係に切符を切ってもらう際にも、多かれ少なかれ彼または彼女の「人格」に影響されている。したがって欲求充足の道具として他者と関わっているつもりでも、そこに人格的な相互作用が多かれ少なかれ働いている。相手を道具と割り切っているつもりでも、である。ただしそれは、混雑した駅のコンコースで若い女性とぶつかった男性が、反射的に「ごめんなさい」と言い「しっかりしてよ」と返されて、思わずむっとしたようなときにしか気づかれない。要するに、道具的人間関係は関係の断片化をもたらす。それがいやおうなく自分自身の断片化につながる。本人はおそらく気づいていないにしても、である。

しかし道具的人間関係には、さらに深刻な問題がひそんでいる。永遠の少年たちは、かけ代えの「ある」道具的人間関係を通して、自由な存在として生きようとした。しかしその時、かけがえのある相手にとって自分もまたかけがえの「ある」存在にすぎないことに気づいて愕然とする。ここで家族の問題に立ち入るつもりはない。しかし三で述べたように、帰るべき家があるがゆえに旅は楽しい。日常空間のあればこそ非日常的な祝祭空間が意味を持つ。さらにいえば、現実の枠があるから非現実的な遊びに充実感が生じる。同じように、かけがえの「ない」関係があってこそ、かけがえの「ある」関係が生きてくるのではないか。誰からもかけがえの「ある」人間としか扱われない人間に、おのれのかけがえなさの感じられるはずがない。私はいったい何者なのか。単にそのつどの気紛れに流される衝動の塊にすぎないのか。「いま・ここ」が限りある時空間の中に定位されることによってしか意味をなさないように、日常的に限定された社会的役割を通してしか、おのれのアイデンティティを確かめることはできない。

ここにもウィニコットの「依存のない自立は孤立にすぎない」という逆説が来る。そもそも依存とは人を当てにすることであり、表層的理解にとどまる限り、自立とはまったく逆の概念である。しかしそうした弱みを抱えながら、なお主体としての自分意識を失わないところに真の自立がある。自由や平等が、現実の不自由不平等に目を据えてはじめて立ち現れてくるように、である。

3 仲間意識の喪失

仲間とは、お互いがお互いのかけがえのなさを感じあっているグループをさす。前の小節の子どもにビールを贈られた若い父親の家族がその典型例となろう。あるいは前節の原始的共同社会のように、群あってこそ個々人の生活が保障されている集団もそうである。しかしピグミやブッシュマンの場合でさえ、すでに家族としての小集団は析出されていた。それが高等な類人猿、たとえばチンパンジーのグループと決定的に異なる。その際、家族とは食べものを分け合う小集団なのだという（田中 一九九〇）。家族からさらに個人の析出されてくるプロセスについては、前節で中岡（一九八六）の例をあげておいた。

新人類が旧人類を驚かせたもう一つの例をあげる。三〇年以上前、ある看護婦長（当時の呼称）から聞いた話である。先に述べた剣道師範が嘆いたのと同じ頃になる。受け持ちの病棟が変わった。ところがナースステーションの掃除が行き届いていない。しかし若い看護婦に直接言っても抵抗されるだけだからと、率先垂範、つまり自分がやればみんなもついてくるだろうと思って掃除を始めた。ところが二日たっても三日たっても一向に動く気配がない。一週間ほどたった頃、たまたま看護婦たちの雑談が耳に入った。「今度の婦長さん、バカに掃除好きねえ」と。「この頃の若い子は何を考えてるんでしょうねえ」というのがその婦長のぼやきである。

若い看護婦たちに婦長との一体感がないのである。婦長には、掃除に時間を割くよりもみんなのためにもっと大事な仕事がたくさんある、だから掃除くらいはわれわれで、という気持ちがまるでない。そもそも婦長の気持ちを思いやる気持ちがはじめからないのである。河合（一九七六）によれば、日本は母性社会である。そこでは個の倫理よりも場の倫理が優先する。しかし若者たちは場に拘束されるよりも個の尊厳を優先する。場の倫理になじんできた当時の大人たちには理解しがたい動きであった。しかも若者たちが悪気なしにそうしているから一層訳が分からなかったのである。

しかしこうした動きも、再びウィニコットの逆説に当てはめると、「二人いるから一人になれる」もう一人の部分を、永遠の少年たちは、一人になるためにあえて切り捨てようとしていたことになる。しかし「自立とは二人いて一人になる」ことであった。この場合、一人が顕在化するが、その時もう一人は消えるのではなく潜在化する。「二人いるから一人」の場合も、もう一人は消えていない。あえていえば内在化、もっといえば無意識化されている。

これを哲学的にいえば、「私は私ならずして私である」（上田 二〇〇〇）ということになる。これは、つまり内側に目を向けて見えてくる私と、あなたに向かう、「私は私である」という場合、私に向かう、つまり外側に身を曝しそこでおのずから開かれてくる私、の両面を意味している。いずれの場合も、何が見えてくるのか、何が開けてくるのかは予想がつかない。それが「私ならざるもの」である。しかもこの「私ならざるもの」はつねに「いま・ここ」にしか現れない。「いま・ここ」の意味は、「いま」が「いつ」か「ここ」が「どこ」かを明らかにせぬ限り顕在化してこないことは繰り返し述べた。それはわれわれが時間的に限定された歴史的存在であり、空間的にも限られた世界内存在にすぎないからである。しかも限られてある自覚が、限られない未知の世界を予感してもいる。「二人」の内のもう「一人」には、母子関係における母親を越えたとてつもない広がり、いわばより大いなるもの、古来洋の東西を問わず人びとが宗教的次元で感じとってきたもの、に通じるものがある。

以上のことを心理的次元で捕らえると、私の場合は意識と無意識の問題となる。たとえば湯飲み茶碗を見ているとしよう。私はそれを茶碗と認めているが、厳密に言えば見分けているのである。それをコップでも飯茶碗でもましてや机でも生き物でもない、「他」ならぬ湯飲み茶碗として、である。これは私の頭の中に、まず湯飲み茶碗のイメージのごときものがあり(それがどのようにして形成されたのかここでは問わない)、いま目の前にある茶碗をそれと照合して湯飲み茶碗と認めている。このイメージはそのための基準であるから、あらゆる湯飲みのイメージを含んでいなくてはならない。同時に決まった形はもっていない。どれほどの多様性を取りこんでも決まった形をとれば、それに合わぬ湯飲み茶碗をそれと見分けられないからである。いわば潜在的にあらゆる湯飲み茶碗の形を含みこんだしかも形のないイメージ、ということになる。だからそれそのものをイメージ化することはできない。外界の事物と出会ってはじめて顕在化するのである。

したがってほとんど限りない形の中から、「この」湯のみ茶碗として認知することの背景には、認知されなかったすべての湯飲み茶碗がひそんでいる。同時にもっと大切なことは、それでも「他」ならぬ湯飲み茶碗と認めえたことは、「他」、つまり湯のみ茶碗以外のあらゆるものの潜在イメージとも異なることを見分けている、ということである。つまり、一つの湯飲み茶碗を認識するには、多くの事物の中での「他」ならぬ湯飲み茶碗、湯飲み茶碗の中の「この」湯のみ茶碗、という二重の背景に浮かび上がらせるプロセスがひそんでいる。ほとんどの場合このプロセスは意識されない。しかしそのプロセスなしに、これは湯飲み茶碗であるとする認識は生じないのである。

われわれの心は、こうした潜在的なイメージ群が多重多層的に重なり合った一つの場を作っている、というのが私の立場である。ただしこれについては、拙著（氏原 二〇一二）を参照されたい。ただ一つだけつけ加えておくと、潜在的イメージは外界と出会ってはじめて顕在化（意識化といってもよい）する。しかし外界は刻々と変化し続けているから、ある瞬間内的イメージに映し出され（顕在化し）たとしても、次の瞬間にはすでに変化している。他方内的イメージも先の外界の一瞬を映し出すことによって変化している。だからそのつど顕在化する内的イメージは、文字通り「いま・ここ」の仮象にすぎない。

つまり心は、意識の場としてほんの仮説的に図式化することが可能であるとしても、現実には一つのプロセスである。説明は概念として抽象的、つまり静的になされるけれども、実際には現実からずれている。たとえば「私」という場合、「わ」と発語したときと「し」と言い終わったときとでは、明らかに私は変化している。しかし通常は「私」として一つの実体であるかのように扱ってとくに不便はない。だから意識（この場合は言語レベルの、といってもよい）と経験との間につねにズレのあることは承知しておかねばならない。そこで当然意識以前の経験が問題になるが、本論で扱うには手に余る。飴玉を口に入れたとき、口の中にあるとき、胃の中に収まったとき、腸内で吸収され血となり肉となったとき、いつからそれは客体から主体に変わるのか。禅の公案にあるという隻手の声、両掌を打ち合わせたとき発する音がどちらの掌から出たものか、などの設問がそういう主客未分化の状態についての問いかけかと思っている。いわゆる純粋経験の問題なのであろう。

哲学的思弁に入りこみすぎた嫌いがある。ここでウィニコットの逆説に戻ると、「二人いるから一人になれる」という一人（私）以外のもう一人が、私が一人になるための潜在的ではあるが不可欠の存在であることがわかる。ところが永遠の少年はその結びつきに気づかない。大地に根づくことを身動きならぬ束縛として、肝心の根から自分を切り離そうとする。その結果根無し草のようになってさまよっている。豊かに充実しているはずの心の中に、何によっても満たすことのできぬ大きな空洞が生じている。太陽を目ざして飛び上がっても、ひたすら上昇を目ざす飛翔には墜落しか約束されていない。「おれは知らなかったのだ。大きな翼には広い大地が必要であることを」とは、永遠の少年の一人が物した述懐である（氏原 一九六六）。彼らは自由を求めて気まぐれと衝動の虜となり、自立を求めておのれのかけ代えのなさ（アイデンティティ）を見失った。そしていま、大地との結びつきを失ってこの世界でただ一人呆然と立ちすくんでいるのである。

4　永遠の少年の栄光と挫折

新人類ないし永遠の少年たちが、近代市民社会の競争原理に基づく一面的価値観に対する異議申し立て人、として立ち現れてきたことを述べてきた。だからそこにはかなり積極的な意味がある。単純化していえば、客観的尺度に基づいて勝ち組負け組を選別するのではなく、一人ひとりに備わったその人でないと実現できぬ独自の意味を尊重していこう、とする考え方である。彼らの失敗は、比較を越えたありようを目ざしながら、比較以前の状態にはまりこんだことである。しかしそれにはそれなりの必然性があった。というのは初期の永遠の少年たちは、ほとんどがかつては勝ち組として数々の栄光を手にしてきていたからである。

永遠の少年たちが、教育ママたちからすれば目のくらむような「一流」大学出身者であることはすでに述べた。笠原（一九八四）によれば、彼らははじめ大学の長期留年者の中から発見された。スチューデント・アパシー群としてである。それまでの経験から、当初は統合失調症が疑われた。しかしその感じがないのである。会ってみると折り目正しくはきはきとものを言い感情の疎通性も十分にある。クラブ活動やアルバイトには意外に熱心でかなり評価されている場合が少なくない。授業に出ないことだけが問題で、他の面で異常はなく、診断に当たった精神科医たちも、これらの学生をどう考えてよいのかかなり迷ったらしい。やがて大学生以外の若い患者の中に、同じような傾向を示す者が見られるようになり（もっともこのタイプの若者が自発的に医師を訪れることはめったにない。家族や上司に促されて半ば強制的に連れられてくることが多い。不登校の中学生や高校生の中にこのタイプの者が少なからずいる）、はじめはオリズム（麻雀で勝負どころであえて勝負に出ずに見送るのを「オリル」という。それにイズムをつけた）、ついで退却症候群と呼ぶことが提案された（笠原前掲書）。

現在この診断名が使われているのかどうかはよく知らない。しかし当時は、言い得て妙と感心したのを覚えている。つまり、彼らはおのれの限界なり劣等性に直面するのを避けているのである。彼らが過去にかくかくたる勝ち組に属していたことはすでに述べた。しかし小中学校の勝ち組の進学するところは、勝ち組ばかりの集団である。そこで勝ち組の場を占めるには、いままでよりもっと激しい競争に勝ち抜かねばならない。いままでさほどの努力をしなくても勝ち組に属していた者は、ここでかなりの努力をしても取り残される不安にはじめて曝される。大学、それも「一流」大学にはいるとこの不安は一層高まる。あえて努力を重ねそれで取り残された場合には、紛れもなく負け組の烙印を負わねばならない。それが耐えられない。そこでオリる。「努力すればやれるだろうけれど、やったところで仕方ないもんね」というのが逃げ口上である。

要するに、永遠の少年たちも実は負け組だったのである。しかしあえて勝負をしない。ひょっとしたら勝てるかもしれない。しかし負ける可能性もある。そこでオリるのである。それによって致命的な負け組としての傷は負わないですむ。しかし全力を尽くさなかったことに鬱屈感が残らざるをえない。明確に意識はされないにしろ、背景に無力感、劣等感がある。しかしそうなってはじめて、勝ち組であったときには思いもよらない、勝負にこだわることのマイナス面が見えてくる。それだけに、負け惜しみにすぎないにしても、「歌は楽しいから歌う」ということばには、競争社会に対する痛烈な批判がこもっている。上手であるのに越したことはないが、上達するために歌うのはすでに歌うこと自体の喜びを汚している、ましてやそれで金を稼ぐプロを目指すなどもってのほか、ということなのである。一理あるが、プロになる競争に勝ち抜くだけの自信のない、引かれ者の小唄にすぎない。

彼らは遊びでないと本気になれない。そこでこんな話がある。数学科の学生である。大学の授業には出ない。ただし考古学に強い興味を持っており、ずいぶん勉強もしている。ひょっとしたら考古学の学生よりも詳しい知識を持っている。それならば考古学科に変わればよいように見えるが、そうはいかない。もし変われば日ならずして授業に出なくなり、下宿で好きな数学の勉強に打ち込む可能性が大きい。

これは、数学科にいる限り数学が本業である。そこで負けることはおのれの劣等性を白日の下に曝すことになる。だから本気で戦えない。考古学ならばかりそめの知識であって、どこか欠落部分があっても趣味のことといえばすむ。それにしても大したもんだ、という評価さえつく。

遊びについては前節でかなり考えた。平板な日常的営み（しなければならぬこと）に非日常的アクセント（してもしなくてもよいこと）をつけ加えることが、創造的エネルギーをかき立てるのである。ただしそれは、しなければならない日常の労働＝仕事があってこそのことであり、したいときいつでもできるようになると、そもそも遊びへの情熱が萎える。したい気持ちが失せるのである。その意味で数学科の学生が遊びとしての考古学にうち込めるのは、本業である数学という仕事がまだ心の中にあるからである。もう一つつけ加えるならば、遊びは自分でできる精一杯のことをやれれば満足である。そこに自分の限界や劣等性を受け入れて傷つかないだけの余裕が生じる。遊びは真剣にやらねば面白くないが、ムキになると白ける。余裕が失われるからである。

永遠の少年たちには、全力で自分を試していない実感があるから、強い欲求不満の隠されていることはすでに述べた。それが、まだ時が来ていない、いつか大きなことをやる、ないしできる、という思いをくすぶらせている。その点がいわゆるモラトリアム青年の心性と重なっている。その限り普通の青年も、多かれ少なかれ似た心性を持つ。しかし彼らの場合、それが慢性化して中年期まで持ちこされている。いろんなタイプがあるがここで詳しくとりあげることはしない。ただし半ばやけ気味ではあるが、彼らなりにある程度達観し、市井の老賢者風になりかけている者が少数いることは指摘しておきたい。時々、突発的に何かに熱中してやり出すことがある。しかし基礎的な力を身につけていないので、大抵は尻すぼみになってもとの状態に戻る。これはフォン・フランツ（一九八二）の描く永遠の少年像に近い。競争社会およびそこで成功し満足している「俗物」に対する怒りと蔑みと羨望が折りにふれ洩れ出ることもある。

五　パラサイトからニートへ

1　パラサイト・シングル

前節では、永遠の少年たちの比較的ネガティブな面について述べてきた。それにしても彼らには、自由と自立を求め自分らしく生きたいとする前向きの姿勢があった。そこに競争社会に対する彼らの正当な怒りのごときものが感じられ、ある種の爽やかさがあった。少なくとも自分の生活は自分で作らねばならぬとする認識と、そうするだけの能力を備えていた。ところがバブルがぼつぼつはじけそうになった八〇年代後半あたりから、とくに若い女性たちの間からパラサイト・シングルと呼ばれる人たちが現れてきた。この人たちは一応は就職している。しかしいつまでも親と同居し続けて自立しようとしない。悪く見ても二、三〇万の月収がある。その中のせいぜい五万位を家に入れている。それで自活しているつもりなのである。食べものと寝る場所がそれで確保される。残りの二〇万前後、それとボーナスが自由に処理できるお金である。だから数々のブランド商品、年に一、二回の海外旅行など、その気になれば十分可能でげんに実行してもいる。仕事は普通にやっているから、引きこもりというわけではない。しかし一人前の大人として自立する気持ちは全くない。

親の方も比較的元気な間は、娘の一人や二人寄食しているからといってとくに困る事はない。むしろ家にとどまっていてくれる方が何かと賑やかで楽しい。気にはなっていてもこの頃のことだからこんなものか、何とかなるだろうという気持ちがある。娘たちが結婚するとしたら相手の男性の年齢はまあ三〇歳前後である。かりに大卒の一流企業の社員としても、平均すれば月収三〇万前後ではないか。ディンクスと呼ばれる子どもを作らない若い夫婦もいるが、通常は一人か二人の子どもができる。となると現状では仕事を続けるのが難しい。とくに何かをやりたい専門職でない限り、専業主婦になる。するとブランドものも海外旅行も当分は思い出すだけになる。だからいまの生活水準を維持しようとすれば、余程の資産家の息子か金回りのよいおじさんしか相手にならない。

それと育児不安がある。役割分業説はもはや通用しないけれども、妊娠、出産、育児の負担は相当なものである。それと母性神話が崩れつつある。母親はお腹を痛めた我が子をかわいく思うはずだというのは、男性が育児の煩わしさから解放されるために何千年もかけて作り上げた神話である、という説（斎藤 二〇〇三）さえある。娘たちはますます結婚から遠ざかる。

彼女たちに結婚願望がないわけではない。しかし自分に見合う相手が見つからない、そういう相手の現れるのを待っているのだ、という。それが現れない。というよりいないのである。それは個人的事情というよりも社会的状況による（山田 一九九九）。しかし本論では、ことさら個人的、つまり心理的状況に焦点を当てている。すると永遠の少年的心性がいやおうなく浮かび上がってくる。ただし、永遠の少年がまだ失なっていなかった純粋さに欠けている。というのは、好きなことを優先したいというところが似ているだけで、根底に自立志向がまるでないからである。その限り、小此木（一九七八）のいうモラトリアム人間の域にとどまっている。

そもそもパラサイト（寄生虫）ということばが示すように、これは、親に寄生されるだけの余力のある場合にのみ可能な生き方である。現在そこそこの企業でまあ普通に働けている親たちには、それだけの余裕がある。しかしいずれ定年が来る。パラサイト・シングルの親たちは、娘たちが二〇歳代だとすれば五〇歳代であろう。親自身の老後のことを考えると、パラサイトを養う力のなくなる時が来るのは目に見えている。その時どうなるのか。所詮バブル期に咲いたあだ花だったのか。独身の一般の女性たちが、頼るべき親を失った後どうしているのか。残念ながら十分な情報を持ち合わせていない。ひょっとしたら、寄生すべき親を失って途方に暮れているのかとも思う。

永遠の少年には輝きがあった。それが歳を経るにつれてグロテスクな様相を帯びてきたことはすでに述べた。ただしみずから選んだ生き方として、結果を引き受けるだけの覚悟があった。私の知る限り、永遠の少年の多くは塾の教師になっている。初期の少年たちが驚くほどの高学歴者であることはすでに述べた。それにバブル華やかなりし頃は、オーバーにいえば働き口はいくらでもあった。稼ぐだけならばもっと稼げるけれども、稼ぐだけではねえ、と豪語する彼らに何人も出会った。いまは塾の教師でもおいそれとは口がかからない。ここでも脱落者が出ている。老後の保障のあるところはほとんどない。それでも自分の始末は自分でつける用意のある人が多い。

パラサイト・シングルにはその覚悟もなかったのではないか。もともと競争社会の圏外にいた。しかしそれなりに現実とも接触してそこそこの収入もあり、しかも親に寄生することによって現代のセレブ志向を表層的に満たすことはできていた。競争社会の上澄みのごときものを享受していたのである。

2　ニート

永遠の少年といいパラサイト・シングルといい、バブル経済という競争社会の繁栄期に現れた。しかし彼らなりに曲がりなりにも働いていた。ところがここにまったく働く意欲の見られない若者たちが現れた。ニートということばはイギリス起源というから、最初にこうした若者たちの存在に気づいたのはイギリスなのであろう。職業を持たず、学校にも行かず、職業訓練も受けていない、またその気もない、要するに完全に親に依存して文字通り無為徒食の状態に甘んじている若者たちである。

ごく単純にいえば、ふくれあがった自尊心を社会的場面で満たすだけの力がなく、傷つきを避けて引きこもっている、ということになる。だから永遠の少年のオリズム、退却症候群と似たところがある。しかしかつて勝ち組に属したことがなく、晴れがましい思いをしたこともほとんどない。試すことをしていないから、精一杯やった後の達成感を味わったこともおそらくない。テレビやコンピュータのバーチャルな世界にのめり込むように見えて、実は他にすることがないので退屈しのぎにやっている、というものが多い。現状を何かおかしいと感じて他罰的である。何もしないで食えるだけの環境にあるものが多いが、いずれ破綻することは頭で分かっていても、あえて動こうとしない。その限りパラサイト・シングルよりも病理は重い。強迫症などの症状に苦しんでいるものもいる。暴力的に家族を支配している場合もある。ことさら競争社会の敗者であり続けることによって、勝者と対峙している趣きがある。

しかしここにも、社会学的にはある種の必然性があるという。それが大量のフリーターを生み出した要因でもあるらしい（小杉 二〇〇五）。一口に言って産業構造の変化である。三で永遠の少年を論じたとき、フリーターがフリーアルバイターという英語とドイツ語の合成語であることにふれた。そこには文字通り、自由を求める若者らしい爽やかさがあった。もちろんバブル期の経済的繁栄が背景にあった。しかし近頃のフリーターは、社会学的にはほとんどニートと同じ意味で使われているようである。働く気がないことはないのである。山田（二〇〇七）によれば、現代社会は少数のエリートと大多数の単純労働者の群に分化しつつあり、それが社会階層の二極化、いわゆる格差社会を形成しているのだという。

その結果、悪名高い派遣社員やアルバイト労働者の出現が必然的になっている。国際的に問題となっている先進国の少子化も、それと無関係とは決していえない。だからこれらの問題は、個々の若者の問題というよりも社会政策上の大問題で、ヨーロッパ諸国ではわが国よりずっと早くからその対策が図られてきた。

私自身は、彼らがしばしば口にする「居場所がない」というせりふは本物だと思っている。近代市民社会があまりにも個の原理を強調し、それが競争社会を生み出した。そうなると個人は、いやおうなしにお互いを比較せざるをえなくなる。となるとそのための共通の尺度が必要となり、個々人のユニークな絶対的価値よりも、相対的な交換価値しか評価されなくなる。つまりそのもの自体の値打ちではなく、それを他のものに代えた場合どれだけ評価されるかの基準である。豊作の年のリンゴの使用価値（おいしいか、どれだけ栄養があるか）は不作の年以上であっても、市場価値は明らかに低い。砂漠での一杯の水は大粒のダイヤよりも遥かに貴重である。そもそもダイヤの使用価値はほとんどないのではないか。もっぱら市場価値＝交換価値が高いだけなのである。こうした交換価値を代表するのが貨幣である。近代社会の発展を促した要因の一つが、貨幣経済の普及であったことは否定できない。

つまり近代社会は個人の尊重を謳いながら、個人の評価に当たってはその人自身の絶対的な価値ではなく、貨幣によって換算可能な相対的な価値を評価する。そこで貨幣獲得に有利な能力が評価され、資本主義社会の勝ち組たり得る人が人間的にも高く評価されるようになっている。永遠の少年たちが異議申し立てを行ったのは、まさにそのような現代の世界的な流れに対してであり、そのことが彼らにある種の魅力を感じさせるのではないか、と思う。彼らは多くがかつて比較的少数のエリートであったことが、そのような光と影の部分を生み出したことはすでに述べた。パラサイト・シングルはその大衆化である。永遠の少年よりはるかに多くの若い女性たちが、この動きに加わった。競争の第一線から距離を置きながら、すっかり脱落することもなく、優雅に「人並み」、少なくともおのれの実力以上の暮らしを享受したのである。彼女たちがその後どうなったのかについては、よく知らない。

ニートたちは、彼女たちよりさらに多数の、あまり目立たない人たちである。働かないことが前面に出てくるので、問題が顕在化してくるのは学校を離れてからである。在学中は比較的目立たない、その限り問題を孕みながら、あまり注目されることのなかった人たちである。早くから不登校などの症状を示す人も含まれるけれども、大部分は大人たちの敷いた、ある意味で分かりきったメニューを黙々とこなしてきた。勉学には意欲がない。かといってとくに反抗的でもない。友だちもいる。漫画、テレビ、ゲームなど人並みの関心はある。それが卒業前後から引きこもりがちになる。親も教師もその頃になって、彼らとの会話がほとんどなかったことに気付く。少なくとも本音で話し合ったことがなく、子どもたちが何を考えているのか把握できていなかったことに、である。オーバーにいえば回避性人格障害。永遠の少年の退却症候群の重症化したものと考えてよい。

それは彼らが、先の貨幣獲得能力、あえていえば資本主義の維持と発展に寄与しうる能力、もっといえば東大を頂点とする一流大学に合格するのに必要な能力、を十分に身につけることができなかったからである。素質的なもの、環境的な理由があったかもしれない。教育の現場で、個人尊重、多様な可能性の開発というスローガンが声高に叫ばれながら、実は画一的な一面的エリート教育の影に隠れて、彼らが意欲的に自分を生かす道の塞がっているところに、おそらく最大の原因がある。彼らは永遠の少年のように、そういう状況に異議申し立てするだけの用意がない。パラサイトのように、相対的価値と絶対的価値との隙間を器用にすり抜けるだけの才覚もない。何か大変重要なことが満たされていないことは分かっている。しかしそれを表現する術がない。ひきこもることが彼らにできる唯一の表現なのである。

なぜこんなことが起こったのか。それはとても本稿の手の及ぶ問題ではない。ただひそかに思うのは、近代市民社会がいまや崩壊の危機にさらされているのでないか、ということである。個性尊重を目ざしたはずの流れが、まったく逆の、いわば拝金主義的な一面的価値観に塗りつぶされ、ごく一部の勝ち組だけの社会に落ち込みつつあるのではないか。その勝ち組にしてからが、決して安らかな、あえていえば「幸せ」とはいえない状態、にはまりこんでいる。いまこそわれわれは、価値の転換を目ざして力を結集しなければならないのではないか。老境に及んで我ながらまったく老いの繰り言めいた感がするのだが、トルストイが「イワンの馬鹿」ですでに示したような転換が必要なのではないか、と思う。

「イワンの馬鹿」は彼の創作童話のようなものであるが、おとぎ話につねの三人兄弟の物語である。賢い二人の兄は商人と軍人として早くから頭角を現し、それぞれ大商人、将軍として大成功を収める。しかし悪魔の誘惑に乗って、多くの人に不幸をもたらした上、自分も没落する。イワンはひたすら額に汗を流して畑を耕している。最後にイワンの誘惑に取りかかった悪魔は、金や名誉や地位に関心のないイワンの馬鹿さ加減によって、逆に滅ぼされてしまう。王さまになったイワンは、人びとを評価するのに労働を表すごつごつした掌の分厚さを計るのである。

おわりに

以上、永遠の少年、パラサイト・シングル、ニートと並べてみた。現れ方は違うにしても、結局同じ不満、怒り、いらだちを感じていることに変わりはない。それは近代競争社会の矛盾、あえていえばメリットクラシー＝能力主義の否定的な面がいやおうなしに露呈してきた印ではないか、と考えている。そして本稿のはじめに述べた、まなじりを決した若い女性、怒髪天を衝く若い男たち、さらには黒っぽい服装に身を包んだ大人たちも、同じ憂鬱を共有しているように思えてならない。それが本論を執筆せざるをえなかった一つの動機である。

そこでどうすればよいかについて、名案があるわけではない。しかしわが国もヨーロッパもアメリカも、場の倫理に個の倫理をどう入れ込んでいくか、あるいは逆に、私の中にいかに私ならざるものを生かしていくか、に解決の糸口を見いだせるのではないかとは思っている。でないと大仰ではなく、人類の破滅といったことが起こりかねないと真剣に考えているからである。

文献

市川光雄　一九八二『森の狩猟民』人文書院
五木寛之　一九九九『大河の一滴』幻冬舎
ヴァン・デル・ポスト・L　一九八二『カラハリの失われた世界』(佐藤佐智子訳)、筑摩書房
ウィニコット・D・W　一九七七『情緒発達の精神分析理論』(牛島定信訳)、岩崎学術出版社
上田閑照　二〇〇〇『私とは何か』岩波書店
氏原寛　一九六六「永遠の少年――そのおごりと傷つき」河合隼雄編『心理療法の実際』誠信書房
氏原寛　二〇〇九『カウンセリング実践史』誠信書房
氏原寛　二〇一二『心とは何か――カウンセリングとほかならぬ自分』』創元社

エリアーデ・M　一九七四『シャーマニズム』（堀一郎訳）、冬樹社
エリクソン・E・H　一九七三『自我同一性』（小此木啓吾訳編）、誠信書房
小此木啓吾　一九七八『モラトリアム人間の時代』中央公論社
笠原嘉　一九七七『青年期——精神病理学から』中央公論社
笠原嘉　一九八四『アパシー・シンドローム』岩波書店
河合隼雄　一九七六『母性社会日本の病理』中央公論社
河合雅雄　一九九二『人間の由来　上』小学館
キュブラー＝ロス・E　一九九一『エイズ死ぬ瞬間』（読売新聞社科学部編訳）、読売新聞社
小杉礼子（編）二〇〇五『フリーターとニート』勁草書房
斎藤学（編）一九九八『児童虐待——臨床編』金剛出版
島薗進　一九九五『オウム真理教の軌跡』岩波書店
杉山登志郎　二〇〇〇『発達障害の豊かな世界』日本評論社
スターン・D・N　一九八九『乳児の対人世界（理論編）』（小此木啓吾・丸田俊彦監訳）、岩波学術出版社
ターナー・W　一九九六『儀礼の過程』（冨倉光雄訳）、新思索社
田中二郎　一九九〇『ブッシュマン』思索社
中岡哲郎　一九八六「メキシコとイギリスの間で」伊東光晴他（編）老いの発見3『老いの人類史』岩波書店
日本家族心理学会（編）二〇〇八『家族心理学と現代社会』金子書房
ハーロー・H・F　一九八五『ヒューマン・モデル』（梶田正巳他訳）、黎明書房
フランクル・V・E　一九五六『夜と霧』（霜山徳爾訳）、みすず書房
フォン・フランツ・M-L　一九八二『永遠の少年』（松代洋一・椎名恵子訳）、紀伊國屋書店
ホイジンガ・J　一九七三『ホモ・ルーデンス——人類文化と遊戯』（高橋英夫訳）、中央公論社
村本詔司　一九七四「ある自己視線恐怖者の生きざま——秘密論的分析」『京都大学心理教育相談室紀要事例研究』一巻

山田昌弘　一九九九『パラサイト・シングルの時代』ちくま新書
山田昌弘　二〇〇七『少子社会日本』岩波書店
ユング・C・G　一九七三『自伝２』（河合隼雄他訳）、みすず書房
レヴィ＝ストロース・C　一九七六『野生の思考』（大橋保夫訳）、みすず書房

第3章　我と汝――カウンセリング的二者関係

一　母親と赤ん坊――我は汝の汝である

カウンセリングが、カウンセラーとクライエントという二人の「出会い」であることはまちがいない。しかし教師である私が生徒である汝と出会う出会い方は、父親である私が息子である汝と出会う出会い方とはまるきり違う。そこで私がずっと考え続けてきた問題は、カウンセラーとしての私がクライエントである汝と出会うとはどういうことか、ということである。私が私であることは、相手が誰であろうと同じ私である。このことを疑うことはできない。そして私自身の感じでは、どの相手に対してもできるだけ誠実に「他ならぬ私自身」として会うように努めている。もちろん現実にそれが十分にできているとは、思っていない。さらに、ある程度誠実にかかわりあっているにもかかわらず、あるいはだからこそ、相手によって心の動き方が微妙に異なっていることにも気づいている。ある人には冷たくある人には温かい気持ちが、自然にわいてくる。しかしどちらの場合も、そう感じているのは他ならぬ私なのである。これはどういうことなのであろうか。拙著（二〇一二）はそれに対する一まずの結論である。

しかし、まだまだ不十分なところが一杯ある。本稿はそういう問題について、その後考えたことをひとまず整理したものである。しかしそれに触発されて、さらに考えねばならぬことが新しく見えてきている。それらについては他日を期すよりない。

本稿でまずとり上げるのは、人生のごく初期における母子関係についての連想である。赤ん坊に、いかにして自我感ともいうべきものが芽生えてくるのか、についての思いつきである。①赤ん坊が母親を見る。②即座に母親が見返す。③赤ん坊は見返された自分を見る。④そして見ている自分を見返す。④からは①に戻る。②にコフート（一九九五）のいう、「輝ける母の瞳で」ということばをつけ加えてもよい。

本稿はこのプロセスの背景に、「我は汝の汝である」と「汝は汝の我である」というフレーズをつけ加える。はじめのことばは木村敏（一九七二）による森有正（一九七二）のことばである。あとのほうは、それにかこつけて私の考えた対句のようなものである（寡聞のせいでその使用例をまだ知らない。ご教示いただくと有難い）。ここで赤ん坊を「我」、母親を「汝」と考えていただきたい。もちろん赤ん坊に我とか汝の観念はない。仮説的な原感覚レベルのものと考えている。あえて言えば、内受容的直観体験（坂部 一九七六）となる。この言葉の意味については、後で説明する。だからはじめの文章を①我（赤ん坊）が汝（母親）を見る。②汝（汝の我）は即座に我（汝の汝）を見返す。③我（汝の汝）は汝（汝の我）に見返された我（汝の汝）を見る。④我（汝の汝）は我（汝の汝）を見ている我（汝の汝）を見返す、と置き代えることができる。

もともとこのプロセスは、いわば母子未分化の一体感の中にまどろんでいる赤ん坊に、どのようにして自他分離、すなわち自我形成のプロセスが始まるのかを説明するためのモデルであった（氏原 二〇〇九)。しかし我とか汝の感覚は、もともと自他分離の後に生じるものと考えられている。ただし自分感覚と他人感覚の差は、おそらく言語成立のかなり以前、ましてや文字文化になじむ遥か以前から乳児には備わっているのではないか。先に述べた原感覚のレベルである。だからこそスターン(一九八九)は、自我感の形成に当って「意識」ということばを避けたのではないか。レヴィ＝ストロース(一九七六)がオーストラリアのアボリジニのトーテミズムや外婚制の背景や、あるいは生活世界の動植物その他についての分類システムにある、文明人のシステムとは異質の、しかしレベルにおいては決して劣らない「野生の思考」を発見したことは、周知のことである。赤ん坊の場合、感覚諸器管の未発達からくる未熟さはあるとはいえ、自他についての感覚をかなり大雑把なものであるにしろ、ある程度感じとっていることは十分考えられるのではないか。中沢(二〇〇四)の示す、現代の知的障害の少年の絵(それ自体がいわゆる未開人の絵と比べると驚くほどモダンである)がラスコーの壁絵と酷似しているのも、非言語レベルの見分けの力を仮定せざるをえないのではないか、とも思う。

そこで元に戻ると、前記のプロセスの②の段階で母親が子どもを見返す場合、母親が他ならぬこの赤ん坊を見返すのであって、その他大勢の赤ん坊を見返すのではない。先のコフートの「輝ける母の瞳」とは、この赤ん坊の母親なればこその輝きなのである。それはわが子を他ならぬわが子と見分けてこそ輝く。これを単純化していえば、母親の内なるものが、赤ん坊に投影されるのである。それは赤ん坊が生れる以前から、母親の内に赤ん坊と関わる限りにおいて醸し出されてきたコンプレックスに、赤ん坊が包みこまれるのだともいえる。ただしここでいうコンプレックスは、普通いわれる感情に彩られたコンプレックスだけではない。一種の共通感覚である。詳しくは前著(二〇〇九)で確かめていただきたい。

いずれにしろ③赤ん坊は、この見返された輝く瞳に映る自分を見る。これは「汝の汝」である「我」が、「汝の我」である「汝」によって映し（照り）返されるプロセスである。いわば赤ん坊（我）は他者（母親）の目に映る自分の姿を見ることになる。かりにそれまで自分だけの世界に閉じこもっていた（ということがあるとして）赤ん坊に、外の世界が働きかける。というより、赤ん坊がはじめて自分以外の存在に気づくのである。仮定が重なるが、そもそも赤ん坊が母親を見るのは、母親からの働きかけに促されたからだ、といえるかもしれない。赤ん坊に見る能力が身についてきたからと考えてもよい。いずれにしろ赤ん坊は、他者の見る自分の姿を見る。ごく萌芽的な形ではあるが、赤ん坊はここで始めて自分を客体として見るのである。ということは、同時に萌芽的な主体感＝自分感が生じかけていることを意味する。

それから、④そういう見ている自分を見返す段階がくる。それを肯定的であれ否定的であれ、母親の投影に対する赤ん坊の取り入れ、と考えることができる。いずれにしろ人生最早期の段階で、乳幼児が外界との相互作用を活発に行い、よきにつけ悪しきにつけ重大な影響をうける、ということである。ただし本稿で母子関係をとりあげたのは、人間関係における相互作用の一つのモデルとしてである。ただ母子関係については、もう少しつけ加えておくことがある。

それは、コフート（前掲書）のいう「母の輝ける瞳」についてである。彼はこういうやりとりは乳幼児期に限らず人間が生存する限り、酸素がそうであるように生涯にわたって不可欠であるという。おそらくそうなのであろう。しかしお分かりのように、母親たちはつねに「輝ける瞳」で赤ん坊を見つめ返してはくれない。むしろ「冷たい瞳」しか持たないかのような母親がいる。あるいは見つめ返しもしない母親がいる。しかし、後で触れるつもりであるが、見つめ見つめ返すにはお互いに物凄いエネルギーがいる。恋人同士とか決闘の場に臨んだ戦士だとかのように。だから日常場面では、たとえば電車の中で見知らぬ人と目が合えばそれとなく目をそらす。見つめ見つめ返すのは肝心かなめの場面だけなのである。一日中親に見つめられ続ける子どもは、まったく見つめられない子ども以上に大変かもしれない。

二　カウンセリング関係――汝の汝は我である

前節の母子関係モデルをそのままカウンセリング関係に当てはめてみるとどうなるか。①クライエントがカウンセラーに話す。②カウンセラーがクライエントに話し返す。③クライエントは話し返された自分に話す。④話している自分に話し返す。そして①にかえるわけである。ここでまず注目してもらいたいのが、②のカウンセラーの、話し返す、である。これはクライエントのことばをそのまま繰り返すこと、ではない。カウンセラーはここで、たまたま会ったひとりのクライエントに話し返すのではない。他ならぬこのクライエントに出会っているのである。母親がわが子を他のすべての子どもとは違うこの赤ん坊として見返すように、このクライエントに話し返さなければならない。母親の瞳には、かりにその母親がはじめて子どもを見つめ返した時としても、受胎の時から、というよりも受胎以前からの、子どもにまつわるあらゆる思いがこもっている。カウンセラーの声には、カウンセリング関係に多かれ少なかれ母子関係と似たようなプロセスが生じるとすれば、このクライエントに対して、母と同じような深い思いがこもっていなければならない。

初回の面接でそれだけの思いがカウンセラーにあるのか、と思われるかもしれない。しかし私は、あると思うし、また、なければならないと考えている。ただしその場合見落してならない重要な点は、母親・赤ん坊とカウンセラー・クライエントとでは、その関わりの質が丸きり違うことである。かりにカウンセラーの目が輝いたとしても、それは母親の輝ける瞳とは異質のものである。それでは何が似ているのか。それが「我と汝」のプロセスに共通する構造なのである。四にとりあげる動作療法の例でも「我」と「汝」の関わりについて述べるが、関わりの質については、母・赤ん坊の場合ともカウンセラー・クライエントとのそれともさらに異なるところがある。しかしプロセスの構造そのものは変わらない。しかしここではとりあえず、カウンセラー・クライエントの関わりが、母・子どもの関わりとどう違うのかを考えておきたい。

それは何よりも、社会的役割がまったく異なることである。われわれは相手によっていろんな役割を使い分けている。だからある人には優しくふるまい、時に相当な犠牲を〝喜んで〟ひきうける。しかし別の人にはかなり冷たく対応し、その人のために犠牲を払うことをいとう。にもかかわらずそれらの人に、同じように誠実に他ならぬ自分として対応している。ただしこのことは見かけ以上に広くかつ深い問題を含んでおり、ここでそれらについて考えを巡らす余裕はない。だから、母親とカウンセラーの共通点をひとまず「誠実さ」ということに限り、考察を前記①②③④のプロセスの構造について行うことにする。

そこでカウンセラーはクライエントの話に誠実に語り返す（話すを語るに代えたのに重要な意味はない。「語る」とすることで少々重みづけをしたい気分に駆られたまでである）。そこでは「誠実さ」を「他ならぬ自分として対応すること」と説明した。私自身、長年カウンセラーとして仕事をしてきるだけ誠実にクライエントに会おうとし、その間いつも「本当の自分とは何か」を考え続けてきた。家族にできることをクライエントにはほとんどする気がなくて、それでも人として「誠実」といえるのか、という問いかけに何とか納得できる答えを出したかった。もちろん、それが見出されたとは思っていない。だからこそいまこういう文章を書いている。そして①〜④のプロセスは、「誠実な」人間関係の展開をあえて図式化すればこうもなろうか、ということなのである。

コンプレックスについては、先に少し説明した。しかしここで少しつけ加えておきたい。私の場合、コンプレックスは心の全領域を含めている。意識（この意味を通常考えられている自我に対応する領域と限定できないことは、前著〈二〇一二〉でも少し触れてある。イスラムのスーフィズム、仏教の唯識論では、ユングやフロイトのいう無意識はすべて意識のより深いレベルの一つにすぎない）をどうとらえるかは微妙であるが、私は中村（一九七九）のいう共通感覚（これはアリストテレス以来の西洋哲学の底流としてあるものらしい。西洋ではいわゆる神秘主義に親近性があるが、むしろ本流と考えた方がよいのかもしれない〈神崎他 二〇一二〉が多かれ少なかれ私のいうコンプレックスに近いと思っている。そこに未分化で漠としてはいても、豊かな（よい意味でも悪い意味でも）可能性が未発の可能態として含まれている、と考えるからである。

可能態は外界の諸対象と接触してはじめて顕在化（従来の意味での意識化と考えてよい）する。さきに述べた赤ん坊にとっての母親もカウンセラーにとってのクライエントも、外的対象である。それとの接触は主体（これも難しい意味を含むが、ここでの文脈では「我」と考えておいてほぼ間違いない）に、好むと好まざるとにかかわらず、多かれ少なかれ影響を与える。外界に開かれるとは、そういう外界の刺激をできるだけとり入れようとする（顕在化させる、ないし意識化するといってもよい）ことである。

ただし精神分析家たちのいう抑圧のメカニズムなどによって、それらのすべてが顕在化されるわけではない。つまり人間はもって生まれた〈それだけでなく生後いろいろな機会にとり入れた〈学習された〉

ものも含まれている）潜在的可能態をすべて生かす（顕在化する）ことはできないばかりか、それが望ましいと必ずしもいえない場合がある。抑圧はしばしば防衛メカニズムの一つとされ、それを除くのが望ましいと思われがちであるが、防衛ということばが示すように、人間の心理学的安定を維持するために重要な役割を果す。したがってコンプレックスはすべてが明らさまになるよりも、かなりが背景にある可能態としてとどまっている方がよいことが多い。そのままでも、必ずしもまったく無意識といえないことはすでに述べた。

さて、すでに特別な関係があるにしろはじめて会った場合にしろ、他者に出会った以上多かれ少なかれわれわれは多様なインパクトを受ける。原則的には、それらのインパクトにできるだけ開かれるのが他者に開かれることだ、と私は考えているし、それが相手に対する誠意ある態度でもある。ただし、この「開かれる」ということ、特にカウンセラーがクライエントに開かれ、クライエントがそれによってクライエント自身に開かれることは、極めて微妙なプロセスを含む。ただそれについては、三　我と汝、五　ペルソナについて、六　役割論、で論ずるので、ここでこれ以上説明することはしない。

そこでコンプレックスのもつ抑圧メカニズムに返る。ここでロジャーズ（一九五一）の理論を借りると、自己概念に合わない外的刺激は、完全に抑圧されるか、自己概念を大幅に脅かさないように歪んで知覚（これを意識化といってさし支えない）されることになる。ただし私の考えでは、この際ロジャーズは、コンプレックスおよび抑圧の悪しき側面についてのみ言っており、その望ましい面に触れていない。それにはそれなりの意味もあるのだが、それについては触れない。それでかなり単純化することになるがあえていえば、ロジャーズの抑圧論は悪しきコンプレックスによる悪しき抑圧論ということになる。それを更にロジャーズ流にいい代えると、よきコンプレックスとは有機体的プロセスということにななろうか。だからクライエントに心を開くために、カウンセラーはクライエントの自己概念と有機体的プロセスの交錯するところ、あるいはその裂け目、おそらく私のいうコンプレックスに心を開かねばならない。

そしてそのためにカウンセラーは、まず自分の中にあるクライエントと同じ〝悪しき〟コンプレックスに気づかなければならない。それがこのクライエントと出会うことによってはじめて生じてくる、自分自身の未発の可能態の顕在化なのである。カウンセラーがクライエントによって開かれる、というのはそういうことである。それが、カウンセリングによって変わるのはクライエントだけでなく同時にカウンセラーも変わらなければならない、ということの意味である。だからこそプロセス②のカウンセラーの話し返しが、母親の赤ん坊への見返しとかなり質は異なるにしても、このクライエントに対するこのカウンセラーならではの重みを持つ。そこではじめて、③クライエントは話し返された自分に話すことになる。

三　「我と汝」——一人称と二人称

ここでカウンセリング的二者関係についてより深く説明するために、あらためて私の考える「我と汝」について述べておきたい。いうまでもなくこのことばはブーバー（一九七八）によっている。本稿ではすでに述べたように、それに「我は汝の汝である」と「汝は汝の我である」ということばがつけ加えられている（ただしブーバーにとっての汝は、宗教者としての汝であり、ここで論ずる汝が、それを踏まえつつ心理学的汝であることはお含みおき頂きたい）。

「我と汝」とは一人称と二人称とを並べただけのものなのだが、このことばは、二人の「出会い」の状況を説明するためのものであるので、ふつうの「わたしとあなた」とはかなり違う。というのは、「我と汝」における我はこの我としてこの汝に出会っているのであり、すでに相手とののっぴきならぬ関係の中に入っているからである。これをお互いがお互いに開かれた場、としておく。ウィニコット（一九七七）が母と子というものはない、一つの母子ユニットがあるだけだ、といったのもほぼ同じ意味であろう。だからここで「我は汝の汝」というのは、「汝に開かれている我は、その我に開かれている汝に開かれている『汝』」ということになる。そしてその『汝』が、「我は汝の汝」の我に当たる。これは、我を主体、汝を客体とすれば、客体は客体の（にとっては）主体である、と言っただけのように聞える。しかし「我と汝」にはそれ以上の意味がある。

というのは、開かれるということは相手からのインパクトをとり入れようとすることである。だからその場は、双方が微妙に影響されあう一つの場でありプロセスでもある。それは「我」と「汝」の双方に生じるものであるが、二人して作ったプロセスであるから、どこまでが「我」でどこからが「汝」か見分けのつかなくなることがある。だから先のかっこ内に述べた我と汝の関係を読みとろうとすると、かなりの混乱を覚えられた方が多いと思う。私自身、書きながらどちらがどうなるのか分からなくなることがしばしばあった。分かりやすくしようとすればする程分からなくなる感じがあった。それは、そのプロセスが両者ともに、この相手に出会うことによってはじめて顕在化してくるおのれの潜在的可能態に出くわすのだから、当人にも思いもかけない相貌を示すことがあるからである。上記のフレーズは、そのこんがらがった、しかも一応の筋の通ったプロセスを辿る私なりのスケッチと思っていただきたい。

ここでもう一つつけ加えておきたいことがある。それは日本語の一人称二人称の、西欧語との顕著な相異点である。それは西欧語の場合、原則的に一人称二人称の代名詞は一つしかない。英語でいえばⅠとyouだけである。ところが日本語には、我、私、手前、拙者、余、おいらなどいくらでも出てくる。二人称も汝、あなた、お宅、貴殿、手前（一人称が二人称になる！）など対応することばがある。これはこれらの代名詞が、それだけで相手との社会的関係を含んでいるからである。我が我だけ、あなたがあなただけですんでいない。あなたと君のそれだけで、同輩以上か以下の人と話しているかが分かる。

一語が一つの意味にとどまらないことは西欧語でもしばしばあるが、一人称と二人称に限っていえばほとんどない。だから、ここでは我と汝だけについて説明しているけれども、日本語には意味をあいまいに単純化した方が（たとえば主語を省く）直観的に分かりやすい所があるのかもしれない。木村（一九七二）は先の森（一九七二）の「我は汝の汝」について、日本人にとってそれは一つの完結した事実であって、主客合一とか主客未分化とは次元を異にしていることに言及している。そして、それとの関連でブーバーの「我と汝」の汝という日本語訳には不満を洩らしている。私にはあいまいというより、含みの多い日本語ならではの名訳と思われるのだが。

ここで先の「我は汝の汝」と「汝は汝の我」に戻る。まず、「我は汝の汝であるゆえに、汝に開かれる」は、「我と汝」がお互いの開かれる関係だから当然のことである。そこから「我が汝に開かれている、ゆえに汝は我に開かれる」が来る。つまり「我が汝の汝である我に開かれる」ことによって「汝は汝の我である汝に開かれる」。つまり我が開かれることが汝の開かれることにつながるのである。これを「我」の方からいうと「汝が我に開かれているゆえに、我は汝に開かれる」から「我は汝の我である汝に開かれる」となり、さらに「我は汝の汝である我に開かれる」に至る。我と汝の循環のうちに我は汝に入り込むと同時に入りこまれ、とり入れると同時にとり入れられるのである。

以上を整理すると、先に、赤ん坊と母親との見る・見返されるプロセスから、赤ん坊は母親の瞳に映る自分を見ると述べたが、これは、いってみれば他人（この場合母親）の目に映る自分を見る、すなわち、おのれを客体化していることになる。しかし、自分意識は客体認識のあればこそである。だからそうした意識的な自他分化以前の状態においても、何らかの見分け機能が、ひょっとしたらあらゆる有機体に細胞レベルでも備わっているのではなかろうか。それをもっと高等な生物の分化機能とどう結びつけるかは、私にはとても扱える仕事ではないけれども。ここで私は、ある種の微生物が酸を避け栄養物には近づくこと（Combs & Snygg 1959）や、植物の向水性や向日性、さらには生物の免疫機能（多田一九九一）などを思い浮かべている。それらは自他（主客）の未分化とか合一とかを越えた完結した事実（木村 一九七二）なのである。

そこでカウンセラー・クライエントのコミュニケーションプロセスの③クライエントが話し返された自分（我）に話す、の段階である。ここで私はこの「話す」を単にことばを発することに限っていない。ことばには言外の意味がある。「我」ということばにこだわるならば、私はこの我を上田（二〇〇〇）のいう我ならざる我、と考えたい。カウンセラーの「それ」（たとえばことば以前のことば）がクライエントのそれ（我ならざる我）をクライエントに伝えるのである。それをカウンセラーの「それ」＝「クライエントに開かれた我」が開く。ここで話すのはクライエントの「カウンセラーに開かれた汝」なのか。そもそも「開かれる」のは我に開かれるのか、汝に開かれるのか。

さきに、我は汝に出会うことによって、いままで開かれなかった、我にとって未知の可能態に開かれると述べた。その可能態が、未知なるがゆえに「我ならざる我」、「わがうちなる他者」「我（にとって）の汝」なのである。だから「我は汝の『汝』」の『汝』には、この「我（にとって）の汝」が含まれている。つまり「汝は汝の我」の我の中に「我の汝」が入り込み、そこに一種の融合体験が生じている。我か汝か汝か我か分からなくなるのも無理のない状態である。カウンセリングにいう共感とはこのレベルの共振れをさしている。精神分析家のいう転移・逆転移を、この角度から〝分析〟することができるのではないかと思っている。

そして④クライエントは話しているクライエントに話し返す、がくる。そこで話しているクライエントが、おそらくクライエントの「我ならざる我」である。話し返すクライエントは、「我ならざる我」の前の方の我である。あえていえば自我に近い。ある程度自分を客体として（しっかり他者の目を通して）見る、主体としての自分、といえる。

四　動作（療）法——体と心

動作（療）法については、随分前から関心をもっていた。脳性麻痺児の治療で、専門医が驚くほどの効果をあげていただけでなく、ただの機能訓練のようでいて、いわゆる心理学的障害、たとえば強迫症とかパニック障害、部分的にではあるが統合失調症に対しても何程かの結果をあげている、と聞いていたからである。

それが何年か前、たまたま成瀬の著書（二〇〇〇）の書評を書く機会を与えられ、専門外として断ろうとしたが果せず、ならば折角の幸運かもしれぬ、と書かせてもらうことにした。それなりに苦労したのだが、私なりには随分勉強になり報われた感じがした。以下に述べることは、私なりの独断がかなり混じっていると思うが、その折り考えさせられたことが下敷きになっている。成瀬自身が近しい人に、る。あの書評はまあわりあい分かっている、と漏らしていたと仄聞《そくぶん》し、万更の見当違いではないと思っている。

そこで動作（療）法の段階（私なりのものである）を今までのプロセスモデルに合わせてみる。①体を動かす。②即座に体が動き返す。③動き返された体を動かす。④動く体を動き返す（なぞる）。ここで①③④の主語を私にするか心にするかでかなり迷った。主体としての私と客体としての心、という考え方があるし、心を主体として私を客体と考えた方がよい場合もある。その上、心と体の関わりあいが、どちらにイニシアティブがあるのかが決めがたい。しかし本稿の目的が、そもそも主客ないし心身の未分化ではあるが纏りのある状況を、何とか納得できることばで言い表そうとすることであるので、ここではあえて主語を外した。どちらともなくそれで〝感じ〟が出るのが日本語の、したがって日本人の心情に合うか、と思ったからである。

なおこれについては、西欧語が主語中心のことばであり、日本語は述語中心のそれであるという説がある。言語学に疎いので詳しいことは分からないのだが、日本語は主語なしでも文章が完結しうる。上記①③④の文章がまさしくそれである。これは先に述べた一人称二人称の代名詞が、その一語で発語者の置かれている社会的状況をも言い表しているのに通じる。そうした多義性、曖昧さが日本語の西欧語よりも未開であるしるし、と長い間信じられていたらしい。近年、西欧語に基づく形式論理学が記号論理学によって批判を浴び、西欧語もいわゆる未開語も同じレベルのしかし異質の言語であること、が明らかになりつつあるという（坂部 一九七六）。

私が成瀬の本で卓見と思ったのは、脳性麻痺児が体を動かすのに不自由を感じるのは、体が動かないのではなくて動きすぎるからだ、ということである。われわれが動作する、つまり体を動かす場合、随意筋を使う。しかし、その際同時に不随意筋が働く。無用な動きを抑えるためにである。脳性麻痺児の場合、それが働かない。随意筋は意図通りに動く、つまり意識的に動かせるが、不随意筋は自律的に動くので意識的コントロールが効かない。そのため不必要な動きが生じ、結果的に合目的的な動作が行いにくいのである。動作法は定められた緻密な手続き（訓練）によって、この無意識の抑制のプロセスを意識化し、それが機能するようにしようとする試みらしいのである。

先にあげたプロセスモデルは、それを私なりに理解した限りで図式化したものである。①の体を動かすのは主体（意識）の働きである。②の動き返す体は客体（無意識）の反応である。③の動き返された体を動くのは主体（意識）。④の動く体を動き返すのは主体（意識）の働き。これは③の動き返された体を動く主体の働きを、さらに主体（意識）的に確かめるためである。

こうしてみると、このプロセスが自律訓練法の受動的注意集中のプロセスに似ていることが分かる。ご存知のようにこれは、たとえば額が涼しくなるという暗示をかけ（主体的）、後はひたすら額が涼しくなるのを待つ。ここで意識的に涼しくしようとすればプロセスは展開しない。もともと注意集中は能動的（主体的、意識的と同じである）な試みなのであるが、それをあえて〝受動的〟（客体的、無意識的）にせよというのだから、ことば自体が撞着している。フロイトの「平等に漂う注意」も同じである。成瀬はもともと催眠から出発し、自律訓練法については創始者であるシュルツ（一九六三）との共著もある。動作（療）法に、自律訓練法と似たところがあるのは不思議なことではない。

五　ペルソナについて——内受容的直感体験

以上、母子関係、カウンセリング関係、動作（療）法におけるコミュニケーションのプロセスを図式化してみた。その結果、三つともが驚くほど似た経過を辿っていることが見てとれた。母子関係では「見ること」、カウンセリング関係では「話すこと」、動作（療）法では「動くこと」がテーマである。にもかかわらず、①働きかける、②働き返される、③働きかけた方は、多かれ少なかれ部分感覚的なコミュニケーションを超えた全身感覚的影響を受ける、④それを確かめる。以上である。

もともと本稿は、カウンセリング関係とはどういうものか。その際、カウンセラーがどうあるべきかを確かめるためのものである。しかしどの場合も働きかける者が主語とされている。カウンセリング関係についてもクライエントが主語になっている。が、その際カウンセラーの働きにも十分配慮したつもりである。いずれにしろ、三つの例すべてにおいて、②以下においては主客が混交し、どちらが主体か客体か分からなくなっている。前著（二〇一二）において、経験とは主体と客体とが出会うことであると定義した。西田哲学にいう純粋経験に近い。ただし、西田（二〇〇六）の場合は、時に批判されるように、意識現象が心理学的に十分検討されることなく、もっと広い意味で使われ強調されすぎているので注意を要する。母子関係にしろ動作（療）法にしろ、③の全身感覚的経験とは、対象との一体感といってもよい程の忘我（自我の喪失）体験を含む。だから受け手の側のプロセスをわざわざ説明する必要はないのかもしれない。しかし、カウンセラーのあり方に絞って考えれば、さらにつけ加えておく一面がある。若干の重複があると思うが、ここで纏めておきたい。

それは②のして返す段階についてのことである。これは①の働き手の働きに対する受け手の反応である。その際、受け手（①とは逆になっている）は漫然と、いわば白紙のように、あるいは鏡のように働きを単に受けるのではない。受け手の側に受けるための用意がすでにある。母子関係においては、母親の輝ける瞳があった。これは母親に、この赤ん坊に対するこの私、つまり母親という意識のあることを意味していた。出会いとは他ならぬ我と他ならぬ汝との他ならぬ結びつきである。代替不能、時間的空間的にも「いま、ここ」だけの邂逅なのである。そうであるがゆえに母親の瞳は輝く。その輝きに見返されて、赤ん坊は自分だけの存在を超えたものに出会う。それは一種の超越（忘我）体験でありながら、同時に汝の「他ならぬ汝」としての「他ならぬ我」の感覚を感じさせられる。遠心的な感覚と求心的な感覚とが未分化なままに一つの纏まりとしての全身感覚、〈中村〈一九七九〉のいう共通感覚に近い〉につながるのである。

ただ、母親の赤ん坊を見る瞳がつねに輝いているわけではない。時には見返してもらえないことのあることはすでに述べた。それが赤ん坊に言い知れぬ不安をひきおこすことは、ウィニコット（一九七七）も強調している。母の存在と不在は重要な問題である。とくに精神分析派にとって。しかし今の私にはその考えをまだ十分にとりこむだけの用意がない。ただ哲学者の坂部恵（前掲書）が、フロイトの「快楽原則の彼岸」にある有名な幼児の糸巻き遊びについて、現れては消え消えては現れる糸巻きを母になぞらえ、母親と一体となった原初の無差別相の世界（それが坂部のいう内受容的直観体験の世界、と考えている）から、我を他者とし、他者を我とし、我ともう一つの私を措定することが、分裂と死をはらむ差別相の世界への落ちこみないし超越である、と述べているところに、フロイトの死の本能論と存在論との間に意外な関わりがあるらしい、と思うくらいのところである。いずれにしろ、母子関係にはかなり生物学的要因が絡んでいる。しかしその背景に、やはり社会的な役割関係の働いていることは否定できない。

ところが次のカウンセリング関係には、最初からカウンセラーの役割が重要な要因として働いている。もちろん、カウンセリング関係も二者関係である。しかしカウンセラーの側から見る時、そこには明らかに大きな役割意識が働いている。つまり二者関係にはつねに働き手と受け手の両方がいるのだが、本稿のモデルでは働き手の動きを主として考えている。母子関係については、その方が都合がよかった。生物学的な関わりが前面にでて役割関係が背景に退いていたからである。

しかしカウンセリング関係ではそれが逆転し、役割関係が前面に出て、生物学的な面は背景に退く。しかし段階③で説明したように、意図的役割意識的な動きと自然な生物学的没我的動きとは相反的にみえて相補的である。一方が図で他方が背景となり、動作（療）法の所で説明した随意筋と不随意筋のように、一方が促進的、他方が抑制的であることによって全体としての纏り、が維持されている。というよりそれがもともとの一つの働き、と考えた方がよいのかもしれない。カウンセリング関係は、その点、役割が前面に出て生物学的な動きが背景に退いている、と考えると分かりやすい。その分、我と汝の二者関係を超えた三人称的役割が重要になる。

一人称による主体感（我意識、自我といってもよい）は対象との関わりを通して顕在化する。それは我と汝の二者関係（二人称的な関係）に始まり、三人称化することによってのみ明確に把握（対象化）できる。私は何か、私は誰かという問いかけに対して、われわれは即座に「私は「……」である」と答えることができる。私の場合ならすぐさま、男、老人、教師、カウンセラー、ケチ、おそらく敏感性々格など、いくつも思い浮かぶ。そしてそれによってとりあえず自分も他人をも納得できている。その

「……」が三人称的な役割である。

しかしそれらをいくら集めても自分をとらえたことにならない。「自分」とは、内受容的直感体験（この難しいことばは哲学用語らしい。今のところ私には一番ぴったりしているので、すでに述べたように哲学者の坂部〈一九七六〉から借用している。本稿にいう「自分感」をその意味でご了解いただきたい）としかいいようのない自分感、だからである。分かりやすいことばでいえば、自分は自分であるという感覚、主体感の中核ということになる。坂部（一九七六）の説明によれば、ヘーゲルもハイデッガーも、何とかして自分というものの実在性を西欧的言語およびそれに基づく思考体験によって説明しようとしたのだが、まだ成功できていないのだという。

役割とは世間が各個人に与える地位ないし場所である。各人は与えられたそれぞれの役割を演ずることによって、共同体の一員としてうけ容れられる。それは、役者が与えられた役を演ずることによって芝居が成り立っている、のになぞらえられる。和辻（二〇〇七）によれば、ギリシャ語では役者のつける面をペルソナといい、役割にもおなじペルソナという名を与えた。そしてこのことばが、役を演ずる行為の主体として人格という意味を担うようになった。この場合、演ずることはたんなる演技をこえて、演ずる人そのものをさすことになる。迫真の演技とは、たんに与えられた役を忠実に演じるにとどまらず、役者の人そのものが現れなければならない。

先程、三人称では自分をとらえることはできない、と述べた。その通りである。しかしそれならば、役者は迫真の演技を演ずることはできないのか。そういうことがないとは、おそらくいえない。芝居、舞踊、絵画、文学などの世界で、何ものかにとりつかれたような状態、いわゆる忘我状態（自動書記などがこの枠に入るかどうか、微妙なところである。ただ、いわゆる芸術家の中に人間離れした奇矯なふるまいに及ぶ人は結構いる）のうちに、文字通り人間離れした芸を示す人がいる。

カウンセリング関係のプロセスモデルの③で、このクライエントに会うことがなければ顕在化しなかったカウンセラーの潜在的な可能態が開かれてくる、と述べたのは、それと似たプロセスがカウンセラーに生じているのではないか、と思っているからである。ただしそうなるためには、あるいはそうなるのと同時に、カウンセラーはクライエントに開かれていなければならない。繰り返し述べたように、それはクライエントとカウンセラーの二人して作ったプロセスだから当然のことながら、この時、実はクライエントにも似たプロセスが生じ、そのことがさらに、クライエントにクライエント自身の潜在的可能態を開くのである。

これは、三人称的な自分、わり当てられたおのれの役割をいかに熱心になぞっても、所詮自分感を満たすことはありえないこと、その限り演技は自分を偽るもののごとく見えながら、実は役割を演ずることを通してしか、われわれが自分感、内受容的直感体験としての主体性を確かめられないこと、を示している。

六　役割論――裸の王様

役者は上演前に実に熱心な役作りを行う。つまり自分にわり当てられた役を、いかに自分自身の内受容的直感体験として演じうるかを試みるのである。これはかなりの作為的側面を含む。その限り目ざされる役そのものは、役者本人ではない。しかし役者の役割は、観客の前で役割を通しておのれの潜在的可能性を顕在化させることなのである。ただし演じ終わった後まで、その役を演じる必要はまったくないし、またできることでもない。役者のひきうける役割は、観衆の前で演じる役以外にも、日常的な三人称的な役割が無数にあるからである。

だからカウンセラーは、カウンセラーとしての役割を演じ切らなければならない。役者が役作りに励むように、事前にできるだけの準備をリハーサルとして行わなければならない。無念無想の裸の人間などといってはおれないのである。母親の輝ける瞳は、ひょっとしたら準備なしに、〝生物学的に〟生じるかもしれない。しかしカウンセリングは明らかに社会的な、ある意味で不自然な役割行動である。

いうまでもないが、ロジャーズは〝純粋さ〟を強調した。それを表層的にうけとめて、いまだに〝裸の人間〟としてクライエントに向きあおうとするカウンセラーがいる。それはしかし、文字通りの〝裸の王様〟である。王様は王の仕事を果すためには王の衣裳を纏わなければならない。カウンセラーにも同様にカウンセラーの衣裳が要る。それがないと、プロセス③の、このクライエントに出会わないと顕在化しない、自分自身の未発の潜在的可能態の動き出すことがないからである。ただしカウンセリング関係は、原則的には二者関係である。さきに、一人称的な主体感は対象とのかかわりを通して顕在化する、そしてそれは、「我と汝」の二者関係に始まる、と述べた。今までの説明はだから、一人称である「我」が二人称である「汝」と一種の融合体験、村本（一九七四）の表現を借りれば、犯し犯されあう関係にどのように入りこむかのプロセスを、一応は説明したつもりなのである。

こうした二者関係を可能にする背景には、厖大な三人称関係のネットワークがある。そこにたまたま浮かび上がるかけ代えのない二者関係も、実はその中の一つの細部にすぎない。それが社会的な役割なのである。そしてカウンセラーは、好むと好まざるとにかかわらずそのことに目を据え、自分のひき受けるべき役割としてなぜこの仕事を選んだのか、したがってクライエントに何をしようとしているのか、を考え続けていかねばならない。その意味では、王が不自然なしかし定められた衣装を身につけない限り、王としての国家に対する、よりもむしろ自分自身に対する、責任を果たしえない状況に似ている。

役割とは共同体がその秩序を維持するために、共同体の全員にわり当てた仕事である。それを果せない者は追放される。ただし、何もできない者でも、何もできない者という役割を本人が引きうける限りとどまることを許される。全員に与えられたものであるから、個別的である。同じ役割を与えられても、メンバーの間でＡＢＣ……といった下位の役割が分化してくるから、それによって意識するとせぬとにかかわらず個人意識が芽生えてくる。だからアイデンティティということばが、個人証明とも訳されるのである。私という「個人」が「巨大な社会という大きな歯車の小さな歯車の一つにすぎないにしても」である。

しかし、役割のわり当ては必ずしも個人の意思を尊重しないので、個人主義的とはいえない。その意味で一人称としての「我」は、三人称としての役割の中に埋没しているかに見える。しかも与えられる役割が一つではない。私の場合でいえば、日本人、男性、老人、カウンセラー、夫、息子などほとんど無数にある。しかしすでに述べたように、そのどれをとっても私には違いない。ただ実感としては、それが私のすべてではないという感じが残る。かりにその全部を集めても、私のことを言いつくしたとはいえない。自分感とは、言いつくしたとはいえないその私の感じで、これを客体、つまり三人称としてとらえることはできない。

そこで、私が私として生きている主体性を確かめようとすれば、「行為する」よりない。行為の主体者としての感じが得られるからである。つまり、与えられた役割はすべて三人称だから、私としての感じはえられない。しかし役割を演ずることで行為の主体者としての実感がえられる。それが自分感、主体感である。それを和辻（二〇〇七）が、演劇に使う面、役割、人格としてつないだことはすでに述べた。ゲーテもその作品で、主人公のファウストに聖書をドイツ語に翻訳させ、最初に出てくるロゴスを「ことば」にするか「行為」にするかで迷わせている。

「演ずる」ということが本当なのか偽りなのか。演ずることなしに、文字通り本当の（いわゆる「裸」の）自分などというものがあるのかどうか。能には素面《すめん》ということばがあると聞いた。前にも述べたが、われわれは日常、職場の顔、家庭の顔、行きずりの顔を持っていて、それぞれを巧みに使い分け（そのことをほとんど意識していない）、それでとくに不自然、ましてや嘘をついているとは感じていない。もちろんそれぞれの役を演ずる時、本気でとり組む場合といい加減にやり過ごす場合のあることに気づいてはいる。そのことについては、役者が役を演ずる折りの気持ちをおしはかり、簡単ではあるがすでに述べてある。

そこでカウンセラーの役割である。われわれはいつも本気でカウンセラー役にうちこんでいるのかどうか。カウンセラーは紛れもなく三人称的役割である。そこでわれわれはどこまで本気で役作りに徹しているかどうか。今まで苦労して述べてきたことは、その意味で私なりに必死に考えこんできた役作りの手立てである。それが、役につきものの白々しさ（三人称的）と自己感につながるひたむきさとの境界、客体と主体の生まれ出る、または分離する裂け目、タテマエとホンネの間にある闇か光か見分けられない、カウンセラーとクライエントのすれ違う束の間の「出会い」の場、なのである。

そのためにどうするのか。カウンセラーはつね日頃そのことに思いをひそめねばならない。そうしてはじめて初回のクライエントにも、母親の目の輝きとは異質の、しかし深さにおいては変わらない深い思いが生ずるのではないか。ことさら白々しさから目をそらし、ひたむきさを強調するカウンセラーが少なくないことを思い、あえて一言した。

七　ふたたび動作（療）法について

ここで再び動作法に戻る。心と体の関係としての動作（療）法である。ここでももちろん、施術者と被施術者の関係は重要である。しかしそれは医師・患者関係とほとんど変わらない程度のものではないか。ただし医師である神田橋（二〇〇六）の「心豊かで治療技術の低い医師よりも、心の貧しい治療技術に長じた医師の方が遙かに患者の役に立つ」ということばは、肝に銘じておきたい。いずれにしろここでは一応心が主体、体が客体＝対象になぞらえられている。先の内受容的直観体験をあえて主客に分け擬人化しているのである。生理学的知識がほとんどないから、私なりの理解を整理するために、多分に生理学的なプロセスをあえて心理学的プロセスにおき代えてみたのである。それにはこの技法が、被施術者に一種の身体的訓練を施しながら、めざましい心理学的効果をあげていると思わざるをえなかったことも大きい。

そこで、先にあげた動作（療）法のプロセスモデルに、主語を補うと共に動詞部分に若干の変更を加えると、次のようになる。①（心が）体を動かす。②即座に体が動き返す。③（体に）動き返された体を（心が）動かす。④（心が）動かした体を（心が）動き返す。（ここでは③の「心が動く」と④の「動く体」の「動く」が「動かす」に代えてある）。

話を単純化するために、ここで心を意識的意図的能動的主体とし、体を無意識的有機体的受動的客体とすれば、①は主体の能動的な働きかけであり、②は客体の受動的かつ自律的な動きである。③は主体が客体の有機体的反応を、あらためて、内受容的直感体験として確かめる段階であろう。

そこで主体の動きを強調すれば「動く」となるが、心が動くではサマにならない。心は動かす主体で動くのは動かされる客体だからである。かといって体が動くでは同義反復になる。しかし実はここに一つの体験（私の定義では経験（体験と同じ）とは心が客体と出会う束の間の仮象である）が生じている。だからそれを二つに分けることはできない。合掌体験は合掌体験であって、片方の掌だけで説明することができない。主体、客体にこだわるならば一種の混交ないし融合体験といえよう。本稿で論じているプロセス段階は、いわば全体感覚・共通感覚的経験を、便宜上いくつかの段階に分けて考えているにすぎない。

それから次の④がくる。ここでもはじめの「動く」体が「動かす」体に変更してある。「動かす」主体は心である。しかし動かされた体は自律的法則に従って動く。その動きを動かし返すとは、その動きに注意を凝らすことによって自然な有機体的プロセスを促すこと、である。自律訓練の受動的注意集中を考えると理解しやすい。意図的に額を温かくしようとすることは自律的プロセスを妨げるが、そのプロセスそのものに注意を集中すれば、逆にプロセスが進む。

ということは、動作（療）法が体（たとえば随意筋）について意識的・意図的に偏りすぎている状態を、一定の手続きによってより全体的なプロセスに広げ返そうとしている（たとえば不随意筋を活性化する）、ということである。少なくとも臨床心理学的立場から見る限り、そう思える。だから本稿でとりあげるプロセスの③、④段階は、母子関係にしろカウンセリング関係にしろ、いずれも動作（療）法の③④段階と重なってくる。母子関係では③見返された自分を見、④見ている自分を見返す。カウンセリング関係では、③話し返された自分に話し、④話している自分に話し返す。③の段階では、母子関係では母の目に映った自分を客体として見るのであり、カウンセリング関係では話し返されることによって変容した、すなわち内受容的直観体験に閉ざされた世界からひき出された、自分に話しかけている。いったん、二者関係的融合体験を経て、はじめて客体としての自分に気づいているのである。それはもちろんごく萌芽的なものであるが、自分が自分をも含んだ広大な世界の一部であること、の気づきを意味している。その確かめが④の段階なのである。

ただしそれは、自我を中心とする整然と整った世界の中に自分を位置づけるというよりも、未分化でありあいまいではあるが、一つの纏まりのある全体の中心としての感覚である。だからフロイトのいうように、無意識の世界を拓いて意識の領域を拡大する、つまり、意識と無意識の領域を分けることではなく、未知の未分化で暗いかつ情動的で捉えどころのないが全体として一つの纏まりをもつ、いわば意識の世界の背景でありかつその世界を支えるもの、したがってそれ自体を客体として捉えることができず、間接的に象徴としてしか把握しえない世界の開示、ともいえる。

ところで動作（療）法では、訓練が一段落すると、いったん意識した不随意筋の感覚を消し去る手続きを行うという。つまり、意図的な運動を行う場合、運動を促すのは随意筋であるが、抑制するのは不随意筋である。はじめに述べたように、脳性麻痺児の運動不全は運動できないが故ではなく、多動によ る。それは、適切な運動をするためには、不随意筋の活動が不可欠だからである。しかし、不随意筋はいわば有機体的な自律機能であるから、意識的にコントロールできない。動作（療）法は、不随意筋を訓練によって意識的にコントロールできるようにする。しかし、それは無意識的な背景にあってこそ合目的的に働く。これをそのつど意識していたのではたちまち運動不能に陥る。だから訓練の最終段階には、いったん意識化した不随意筋の動きを意識しなくなるための手続きがあるらしい。これは自転車乗りにしろ水泳にしろ、習熟するとほとんど体任せの方がスムーズに動けるのと同じことである。

以上今までの説明で動作（療）法が、臨床心理学的にみてもかなりの効果を発揮するであろうことは、あらかたお分かり頂けたかと思う。少なくとも私の目ざすカウンセリングは、日常の仕事にエネルギーを使いすぎて心のバランスを失ったクライエントに、共通感覚に開かれることでそれぞれのもつ全体的な可能性を広げようとする試み、と考えている。動作（療）法は、もともとは機能訓練のごときものであったかもしれないが、今まで検討してきたように、その方法がもっと全体的な体の、したがって心の動きにそった生き方を回復させるのであろう。だから、心理学的不適応に陥った者が、それによっていつの間にか心のバランスを回復してゆくのは当然のこと、といえるのではないか。

ただし本稿は、カウンセリングにおける二者関係について考えるためのものである。それに私自身は動作（療）法を受けたことも、もちろん施したこともない。だから以上の考察は、望ましいカウンセリング関係がどういうものか考えるための方便として、ほとんど私の限られた経験と思弁だけによっている。当然相当な独断や誤解の混っていることはお含みおきいただきたい。

おわりに

以上で今回は終わる。しかし思い残したことが沢山ある。まず鏡像について。われわれがそこに見る像は、鏡の表なのか内側なのかということである。見ているのは確かに私である。しかし見られている像も私を見つめている。それは我なのか汝なのか。確かに人に見られている私の客観的な姿である。私自身が見たくない私の姿がまざまざと映っている。それは私自身が思っている私より、本当の私に近い。

しかし一人称としての私は、まさしく見ている私である。見られている私は、私が鏡から離れればたちまち消失する。その限りそれは三人称としての私にすぎない。しかも鏡を離れておのれの姿を思いうかべる時、現れてくるイメージは鏡に映っていたイメージでしかない。目が目を見ることができないように、われわれはおのれの顔をみずから直接見ることができない。

それとの関連で、仮面についても考えたい。役割‐面‐人格という和辻の図式が思い出される。しかし三人称的な役割を演ずるために、われわれはそのつど三人称としての面をつける。ただしその背後には、自分にも未知の広くて深い一人称的自分の世界がある。我ならざる我の世界である。面を通してそれが生きられる時、人格が現れる。鏡に映るおのれの姿の背後には、そういう未知の可能性が広がっているのか。もう一つ、体と心の問題がある。市川浩（一九九三）は、大和ことばの身（み）について現代語の中の多くの用例をあげつつ、それがからだ‐こころ‐全体というヒエラルキーをもつという。それは動作（療）法のとらえているからだより広い概念である。それについてももっと考えたい。私自身がカウンセラーとして納得しうるためには、それらについてさらにきめ細かく、私自身の実践的経験との照合を続けてゆかねばならない。私はどうやら、そのことを死ぬまで考えつづけねばならぬ性《さが》をもって生まれてきたらしい。それが有難いことなのか、間抜けたことなのか、私にもよく分からない。しかし、この年でやらねばならぬと思えることのあるのは、とりあえずは結構なことなのであろう。

文献

市川浩　一九九三『〈身〉の構造』講談社

上田閑照 二〇〇〇『私とは何か』岩波書店
ウィニコット・D・W 一九七七『情緒発達の精神分析理論』(牛島定信訳)、岩崎学術出版
氏原寛 二〇一二『心とは何か――カウンセリングと他ならぬ自分』創元社
神田橋條治 二〇〇六『「現場からの治療論」という物語』岩崎学術出版
神崎他編 二〇一二『西洋哲学史Ⅳ』「哲学の現代への回り道」講談社
木村敏 一九七二『人と人との間』弘文堂
コフート・H 一九九五『自己の修復』(本城秀次・笠原嘉監訳)、みすず書房
坂部恵 一九七六『仮面の解釈学』東京大学出版会
シュルツ・J・H 一九六三『自己催眠』(成瀬悟策訳)、誠信書房
スターン・D・N 一九八九『乳児の対人世界 理論編』(小此木啓吾・丸太俊彦監訳)、岩崎学術出版社
多田富雄 一九九一「個体の生と死 免疫学的自己をめぐって」多田富雄・河合隼雄(編)『生と死の様式――脳死時代を迎える日本人の死生観』誠信書房
中沢新一 二〇〇四「苦行と快楽」池上良正他編『言語と身体――聖なるものの場と媒体』(岩波講座 宗教)岩波書店、
中村雄二郎 一九七九『共通感覚論――知の組みかえのために』岩波書店
成瀬悟策 二〇〇〇『動作療法』誠信書房
西田幾多郎 二〇〇六『善の研究』講談社
ブーバー・M 一九七八『我と汝・対話』(田口義弘訳)、みすず書房
村本詔司 一九七四「ある自己視線恐怖症の生きざま――秘密論的分析」『臨床心理事例研究』京大心理教育相談室
森有正 一九七一「経験と思想」『思想』一〇巻五六八号
レヴィ＝ストロース・C 一九七六『野生の思考』(大橋保夫訳)、みすず書房
和辻哲郎 二〇〇七『偶像再興・面とペルソナ』講談社

Combs, L. A. W. & Snygg, D. 1959 *Individual behavior : A perceptual approach to behavior*, Harper & Row.
Rogers, C. R. 1951 *Client-centered therapy : in current practice, implication, and therapy* Houghton Mifflin.

Ⅱ

第4章　心に関する三つの話題

一　母と子のきずな——北原白秋「金魚」の詩をめぐって

1　詩について

「金魚」　大正八（一九一九）年

母ちゃん、母ちゃん、　（母さん）
どこへ行《い》た。
　紅《あアか》い金魚と遊びませう。

母ちゃん、帰らぬ、　（母さん）
さびしいな。
　金魚を一匹締め殺す。　（突き殺す）

まだまだ、帰らぬ、
くやしいな。
　金魚を二匹締め殺す。
なぜなぜ、帰らぬ、
ひもじいな。
　金魚を三匹締め殺す。　（捻じ殺す）

涙がこぼれる、
日は暮れる。
　紅《あアか》い金魚も死《しい》ぬ、死ぬ。

母ちゃん怖いよ、　（母さん）
どこへ行《い》た、　（眼が光る）
　ピカピカ、金魚の眼が光る。

まず詩について説明します。これは北原白秋が大正九年に発表した作品です。発表早々から物議をかもしましてね。西条八十《やそ》という仏文学者でやはり童謡を書いていた人が、いくらなんでもこれでは子どもに残酷すぎる、と批判したのです。それに対して白秋は、こういうものこそが子どもの情操を育むのだ、と反論しました。賛否両方の意見がありましたが、大体のところ、白秋の主張が認められていたようです。資料の詩に（　）つきで示したものは、後に白秋が訂正したものです。第一、二、六連の「母ちゃん」を「母さん」に、第二連の「締め殺す」を「突き殺す」に、第四連の「締め殺す」を「捻じ殺す」に、第六連の「どこへ行た」を「眼が光る」に、それぞれ変えております。

これ、どう思われますか。たしかに残酷ですね。ところがこういう残酷なものを読ませるのが情操教育になる、と白秋は主張しました。この詩は後で曲をつけられてレコードになり販売されたそうですから、大正時代の子どもはこの歌を歌ったんですね。かなりポピュラーになって受け入れられたらしい。今でも詩人の森崎和江さんや仏教学者の山折哲雄さんなどはこの詩を高く評価して、「母恋いの詩《うた》」だなどといい、金魚を、美しく着飾った若い母親のイメージに重ねたりしております。

2　よいお母ちゃんとお利口ちゃんのボク

最初の一連はまだ、よい母ちゃんとお利口ちゃんのボクだけですね。母ちゃんがどこかに出かける。「何時頃には帰るからそれまでお利口ちゃんに待っててね」とか何とか言って。それで子どももお利口ちゃんに待っていたわけです。「紅《あか》い金魚と遊びませう」というのは、紅い金魚に若く美しく装った母ちゃんの姿を重ねて、淋しさを紛らわそうとしていたのでしょう。短い詩のことですから詳しい状況はわかりませんが、幼い男の子だとすれば四、五歳頃でしょうか。母ちゃんは、いくら何でもそんな子を独りで残していくはずがありませんから、家には誰かいたんでしょうね。後の内容からはしかし、この子は長い時間、金魚とだけでいたみたいです。どんな家だったんでしょうね。子守りだとかおばあちゃんだとか、兄弟なんかがいたのでしょうか。それについては何もわかりませんが、何だかいつも独りぼっち、淋しげな環境にいたのでしょうかね。

3　お母ちゃんの裏切り

ところがそのお母ちゃんが時間になっても帰ってこない。これは淋しい上に腹が立ってきますよね。それでカッとなって金魚を絞め殺した。どんな風にやったのでしょう。締め殺すというのは泳いでいる金魚を摑み出し、握りしめて殺したのでしょうか。私はやったことがありませんが、金魚の大きさにもよりますが相当ひどい殺し方ですよ。殺したという以上握りつぶしたのでしょうか。掌の中でつぶれていく感触があったはずですね。訂正した方の突き殺すにしても、何で突いたのでしょうね。多分一突きで死ぬなんてことはありませんよ。どこを突いたにせよバタバタとはねたりもがいたりして、死ぬまでに相当の時間がかかっているはずです。白秋はここで子どもの怒りが尋常のものでないことを表したかったのでしょうか。この子どもの裏切られ体験が、ひょっとしたら今回がはじめてではなかったのかもしれません。白秋の個人的体験が反映している可能性もあります。

お利口ちゃんとは聞き分けのよい子どもです。状況を判断して少々の不満ならば我慢することができる。ここでの怒りの激しさには、我慢の緒の切れた感じがあります。

4　怒りから恨み、恨みから憎しみへ

しかしそれでも母ちゃんは帰ってこない。年相応の聞き分けはできてもやはり限度があります。こういう場合、母ちゃんは約束を守った方がよいに決まっています。ところが実際には、心ならずも守れないことが多いんですね。しかし母ちゃんが子どもの信頼を裏切ったことは確かです。それに対して金魚

が一匹、身代わりに殺された。

この時の子どもの気持ちはかなり複雑です。ただの腹立ちではありません。そこで「まだまだ、帰らぬ、くやしいな」となります。この子に限りませんが、この年頃の子どもたちは母ちゃんはボクだけの母ちゃんと思いたがっています。ところがその母ちゃんが、ボクのことなどすっかり忘れてボクの知らない人とボクの知らない所で楽しい時を過ごしている。それはもうただの怒りではありません。やきもち。見放された恨みがこもっている。ほとんど憎しみに近い。根底には見捨てられ不安があります。それで二匹目が絞め殺されます。

5　母殺し

ところがそれでも母ちゃんは帰ってきません。子どもはだんだんわけが分からなくなります。つまりよい母ちゃんとお利口ちゃんのボクがいて、それが安定している限り子どもは安心なんです。しかし後でも言いますがそれは幻想にすぎません。だからこそ一層しがみつこうとする。それが綻びかけている。それにどう対応してよいのか、わけが分からなくなっているのです。

つまり、絶対にボクを見捨てない母ちゃん。絶対にお利口ちゃんのボク。そこに絶対的安心感の世界がある。ところがその母ちゃんが裏切った。そしてボクもお利口ちゃんでおれなくなった。金魚を三匹も殺している。そのため見捨てられてしまうかもしれない。この年頃の子どもは、よい母ちゃんの世話がなければ生きていけないことに気づいています。ひもじいというのは、ただお腹が空いただけではなく、母ちゃんとのつながりが切れる、いわば存在の基盤が失われかけているのです。この子の直面しているのはそういう状況です。そしてなぜそうなったのか、これからどうなるのかがさっぱり分からないのです。だから子どもはほとんどパニックに近い。「涙がこぼれる、日は暮れる」のです。

しかもその中で決定的なことは、三匹の金魚を無残なやり方で殺したという事実です。母ちゃんのイメージが金魚に重なっているとすれば、これは象徴的な母殺しです。はじめは裏切った悪い母ちゃんだけを殺すつもりだった。ところがそれによってよい母ちゃんまで死んでしまった。思いもかけぬ、しかしとり返しのつかない結果をひきおこしたのです。となるとできることは、よい母ちゃんを生き返らせそれによってお利口ちゃんのボクをも甦らせるしかありません。

6 「紅い金魚も死ぬ、死ぬ」

その前に一つ。五連目の二行目、「紅《あアか》い金魚も」の「も」のことです。これは死んだのが金魚だけではないことを意味していますね。つまり金魚以外の何かが死んでいる。それが今まで述べてきた、よい母ちゃんとお利口ちゃんのボクなのです。もちろん子どもは、まさか母ちゃんや自分が死んでしまったと思っているのではありません。そもそも白秋が金魚に母ちゃんのイメージを重ねている、などとはと思ってもいないでしょう。ただ白秋が、あるいは森崎さんや山折さんたちが、勝手にそう思いたがっているいるだけのことです。後で子どもと「死」について少し触れますが、子どもはおとなの考えるほど筋道立てて理解していることはありませんが、深いところで実に的確に物事の本質をつかんでいることがあります。妙な理屈にとらわれていませんから、かえって素直にことの本質を感じとっていることがあるのです。これは白秋の作った詩ですから、当然大人の感性が入っていますが、いままでに述べてきたような、微妙なまだことばにならない、複雑で深い感情を言い当てていると私は思います。そして白秋は、そのような子どもの、感じてはいるが何かよくわからない気持ちに歌いかけているのです。

7　どっこい生きてる

ところがですね、よい母ちゃんとかお利口ちゃんのボクは絶対に死なないんですよ。母ちゃんとボクとのきずながいったん出来上がると、それが切れることはありません。それはまず、お母ちゃんのお腹に宿っている一〇か月の間に育まれます。これはあらゆる生物について言えることです。胎児に記憶があるかどうかは微妙ですが、意外にお母さんの心音や声などは覚えているらしい。その間の完全に守られてある絶対的な安心感が、母子の一体感を作るのです。その上、生まれてからのとくに一、二年間、人間の場合赤ちゃんはまったく無力で、周囲（主に母親です）の世話なしに生きてゆくことができません。微妙なやりとりはあるにせよ、これがよい母ちゃんとお利口ちゃんとの結びつきを固めます。そこには何よりも個人の意志を超えた、おそらくは生物学的な生の衝動が働いている、と私は考えています。だから余程のことがない限り、四、五歳までそこそこに育っている子どもの場合、すでに切っても切れないつながりが出来上がっている、と考えてよいと思っています。

8　「ピカピカ、金魚の眼が光る」

だから子どもの仕事は、母ちゃんを生き返らせるというよりも見失ったよい母ちゃんをふたたび見出すことです。ところがそれが大変難しい。第六連のはじまりは「母ちゃん、怖いよ、どこへ行た」でしょう。怖いというのは、独りぼっちでやっていけないことを痛いほど思いしらされているからです。だから少しでも早く母ちゃんとボクを見つけ出さねばならない。ところができない。「ピカピカ、金魚の眼が光る」からです。すると金魚の眼とは何なのでしょう。

第一は、殺された金魚たちの恨みに満ちた眼です。殺されたのは、一匹ずつの全部で三匹と私は感じています。読み方によっては毎回一匹ずつ増えて六匹になります。それぞれの死骸はどうなっているのでしょう。その眼がピカピカ光るのでしょうか。それとも生き残って金魚鉢の中を泳いでいる金魚の眼なのでしょうか。いずれにしろこれは恐ろしい。大体、死骸というものは何であれいやなものです。ましてや自身の手をかけたものたちのそれは見たくない。その眼が開いて恨みをこめて自分の方を見つめている（ように見える）のです。

二番目は母ちゃんの眼でしょうね。少しばかり約束を破ったからといって母ちゃんを殺してしまうとは何事か。お前なんてもう面倒みてやらないよ、と。大体、私があんただけの母ちゃんだなんてありえない。私にはお父ちゃんもいるし、あんたの兄弟（もしあれば、ですが）もいる。母ちゃん自身の友だちだっている。だから母ちゃんはあんただけの母ちゃんなんてもんじゃないんだよ。そんなことが分からないのか、という怒りと嘲りさえ混じった冷たい眼です。さらにお父ちゃんの眼も光っています。これは世間の眼と言い換えてもよいでしょう。たしかに母ちゃんに悪いところがあったかもしれないが、殺してしまうとはひどすぎる。世間が許すはずがない。母ちゃんに見捨てられても仕方がない、とんでもない悪い子なんだから、と。それから一番深刻なのが、いなくなったはずのお利口ちゃんのボク自身の眼です。これは、金魚の眼にしろ母ちゃんや世間の目にしろ、外部の眼は隠れてしまえば避けられますが、内側からの自分の眼からは逃れようがないからです。

9　子どもの成長──合体（依存）から分離（自立）へ

ところがここでとくに大事なことは、この子どもが特別に悪い子どもではない、ということです。ほとんどすべての子どもが、こういう状態を経過していきます。つまり子どもが成長するということは、お母ちゃんから離れて一人の独立した人間になっていくことなんです。お腹の中にいるときは、完全にお母ちゃんと一体です。そして、そこから生まれ出てくることが双方にとっていやおうなしの最初の分離です。しかし生まれてしばらくの間はまだ、二人で一人という状況です。そこからだんだん分離して（一人になって）いかねばならない。生き物たちにはすべて生まれた時からそういう仕組みが備わっています。だから赤ちゃんはハイハイできるようになると、少しでもお母ちゃんから離れようとします。しかしあまり離れてしまうとすぐさま不安になります。だから、何かあればすぐに戻れる範囲内で、できるだけ離れようとするのです。つまり安全な基地を確かめたうえで自分の世界を広げようとしているのです。

そしてこの、不安になればいつでも戻れる安全な場所が、母ちゃんの懐です。その場所とのつながり感が、先に話した母と子とのきずなです。それが確かであればあるほど赤ちゃんは母ちゃんから遠く離れることができる、という逆説があります。その際感じる達成感や成就感が、そのまま子どもの自分感や主体感につながっていきます。それがさらに母ちゃんの喜びになる。だからそのきずなを感じられない程度に応じて母ちゃんから離れにくくなるのです。たいていの子どもにその感覚が備わっています。

さらにいえば母ちゃんの方にも、子どもとのきずながしっかり感じられている程度に応じて、比較的安心して子どもと（を）離れる（す）ことができます。子どもと同じような感覚が備わっているからです。だから子どもがあまり離れると不安になって身近に呼び戻す、あるいはこちらから手を出すことになります。しかしきずなの感じられている限り余裕があるので、少々の手抜きが可能になります。後でも述べますが、これがなかなか大事なことなのです。

皆さんの中でお子さんのおありの方には分かると思います。お子さんが赤ちゃんだった頃からそんなことといっぱいあったんじゃありませんか。ちょっとおしめが濡れてるかなとかおっぱい欲しがってるなと分かっていて、何か手の放せないことがあってしばらく泣かせたことがおありだったでしょう。それが普通なんです。いつもいつも子どものそばにへばりついて、その子どもの要求を即座にかなえてやるなんて、どんなお母さんにもできっこありません。とくに仕事を持っておられるお母さんの場合はそうでしょう。そんな万能の母親のいるはずがないのです。十分に世話してやらなければ子どもが駄目になってしまうと思うのは、母ちゃんの方に、子どもとのきずなが十分に感じられていないことが多いのですね。

10　お母ちゃんの不安

だから子どもの不安は、お母ちゃんの不安がそのまま子どもに伝わっていることが少なくありません。母と子のきずなは先に言ったように、妊娠中から赤ちゃん時代にかけての〝生物〟的な仕組みによって出来上がっています。だから母子のつながり感は一方的に子どもに必要なだけでなく、お母ちゃんにも必要なのです。そしてほとんどの母と子の間には〝ほどよい〟このつながり感がある。先に、よい母ちゃんとお利口ちゃんのボクの死ぬことはない、といったのはそのことをいっています。

もちろん母ちゃんにも母ちゃんなりの都合や期待があります。小さい子どもにだってそれなりの都合や期待がある。だからこそ、そのつながりを踏まえた上で、私はボクだけの母ちゃんじゃない、ボクも母ちゃんだけのボクではない、という分別（子どもの場合は聞き分け）がついてくるのです。ただしこのバランスが難しい。お互いの都合や期待にズレが生じるからです。それが子どもの側から見れば「裏切り」、親から見れば「抵抗」と映ることがあります。それが第一反抗期と呼ばれる現象です。その限り、裏切りや抵抗を繰り返して子どももお母ちゃんも成長する、といえます。先に、お母さんの手抜きが大切なことがある、といったのはそのことです。白秋の詩は、そのような成長に伴う子どもの不安や悲しみを唱ったもの、といえなくもありません。

いずれにしても母子のきずなは、子どもにとってと同様、お母ちゃんにとっても重要です。だから子どもに離れていかれることは、お母ちゃんにとっても淋しい上に辛い。「ボクだってお母ちゃんだけのために生きているのではない」などと正面切って言われると、そうなってくれることを望んでいるにもかかわらず、淋しい思いにかられない母親はいないでしょう。空の巣症候群といって、子どもたちが全部巣立った後のお母さんが、しばしば鬱状態になることはよく知られた現象です。これはお母さんの方もかなり子どもに依存しているからですね。それは子どもにとっても必要なことなんです。ただし時には子どもを食いものにしてまで一体感を保とうとして、それを愛情のしるしと思ってられるお母さんのおられることは、皆さんもご存じの通りです。

11　大洋感情と分離個体化（自己実現）傾向

私たちには、つねに誰かと一つになりたい、という基本的な欲求があります。それがお母ちゃんのお腹にいた時の大安心状態（その時の感じをフロイトは大洋感情を呼びました）への復帰願望だ、とする説があります。ランクという人は、赤ちゃんの産声はこの、いわば天国から放り出されたことを嘆いているのだ、とさえいっています。

他方、たったの一例ですから一般化は難しいのですが、赤ちゃんが生まれたとき、自分の中の一番大切な部分が出て行ってしまった感じがしてがっかりした、と言った方がおられます。専門職についている高学歴の女性です。妊娠と分かって産むか産まないか迷っているうちに、たまたまはじめての胎動を感じて思いがけなくすごく嬉しくなった。それからは動くたびにいろいろ話しかけていた。しかし生まれてからハイハイなどするようになると仕事の邪魔になるのでつい邪険になって、などと笑ってられました。そこから、赤ん坊とお母ちゃんとの間にはおそらく相互的な感応現象がある、と考えてよいかとも思っています。

ところが人間、したがって赤ん坊にも、できるだけ自分の可能性を生かしたいという、生まれつきの自己成長への促しがあります。それをロジャーズ風に、自己実現傾向といってもよいでしょう。マーラーという人は、それを分離個体化欲求として、たくさんの母子のペアを何年も継続的に観察し、その傾向がほとんどすべての母子の間にみられることを報告しています。分離とはお母ちゃんから離れること、個体化とは独立した自分自身になろうとすることを意味しています。したがってその場合、大安心の一体感状態から離れていかなければならない。だから、当然大きな不安を伴います。それをどう克服するのか。ところが大抵のお母さんと子どもは、それなりの苦労はあるものの、何とかそこを通り抜けているんですね。

その鍵になるのがお母ちゃんと子どもとのきずな感なんです。さっき、赤ちゃんはハイハイできるようになるとすぐお母ちゃんからできるだけ離れようとする、と言いましたね。そしてそれは、不安になればすぐにお母ちゃんの懐に戻れる範囲内で、ということでしたね。これは母ちゃんと赤ちゃんの双方に、お互いのつながり感があるからこそなんです。そしてその「限界」を感じさせるのがお互いの感じる不安なんですね。だからこの不安はお互いにつながり感のある証なんですよ。

ところが赤ちゃんの成長力は、ともすればその域を越えていこうとする。当然不安が大きくなる。ところが、お母さんがそこで安心しているとのりこえられるんですよ。もちろん逆の場合もあります。赤ちゃんの安心感がお母さんの不安を和らげることもあるからです。もちろん、赤ちゃんには理解できない危険を認めれば、お母ちゃんがすぐさまストップをかけることは当たり前です。だからこのきずなは、お母ちゃんによる保護的なものだけでもなく、赤ちゃんからの一方的な働きかけだけによるものでもありません。お腹の中にいたころから今に至るまでの二人のかかわりの中から自然にでき上がってきたものです。その意味では現実のお母ちゃんと赤ちゃんの関わりを超えた〝母なるもの〟ともいうべき、二人ともを包み込む〝より大いなるもの〟の働きを考えた方がよいのかもしれません。生物学的本能的あえていえば動物的直観のごときものといってもよい。それが人間的レベルでは見たところ宗教的な形をとることさえあります。しかしそうなると私には手に余る問題ですからこれ以上述べることはできません。ただしたとえば石川啄木の「ふるさとの山に向かいて言うことなし　ふるさとの山はありがたきかな」などの歌をみると、世間に見放されて絶望的な状態にある啄木を、束の間であるにしろ包み込むような、お母ちゃん的雰囲気が感じられ（てい）るのではないでしょうか。

いずれにしろこの不安を乗り越えた時、赤ちゃんにもお母さんにも新しい可能性が開かれ、それと共に大きい達成感と自信が感じられることになります。それが自己実現、つまり成長のプロセスに他なりません。

12　見捨てられ不安と呑み込まれ不安

お母ちゃんとの一体化願望と、それを乗り越えていこうとする赤ちゃんの自己実現ないし成長欲求をつなぐのが不安である、というのは面白いですね。しかしそこにかなり難しい問題があります。これを子どもの側からみると、お母ちゃんから離れることは、さっき言ったように多かれ少なかれお母ちゃんにある種の悲しみを与えることになります。それがお母ちゃんの怒りを招き、いつ見捨てられるか分からない不安が生じます。かといっていつまでもお母ちゃんにくっついていると、安全ではありますが、成長すること、つまり自分の可能性を広げていくことができません。これはほとんどの場合お母ちゃんの方にきずなへの自信がないからです。だから子どもが離れてゆく不安に耐えられない。そこで子どもをいつまでもスカートの中にくるみこんでおこうとするわけです。子どもからみれば、これは呑み込まれ状態です。だから多かれ少なかれ脱出欲求が生じます。こうなると子どもは、離れれば見捨てられ近づけば呑み込まれる不安が生じ、近づくことも離れることもできず、文字通り進退きわまることになります。

しかし実はおとなの場合でも、あらゆる人間関係は相手からどれだけ近くあるいは遠くいるか、つねに距離を測っているものです。その距離を適当に保つのが一人前のおとなということかもしれません。そのことに一生苦しんだのが夏目漱石ですね。それについてはしかし、もう少し後で話すつもりです。そういうことが生まれた時から始まっているのが、人間というものなんでしょうかね。

13　ウィニコットのことば

ところでウィニコットという人がこうした母と子のきずなについて、非常にわかりやすく説明しています。最初が「二人いるから一人になれる」ということばです。これは、小さい子どもはお母ちゃんと一緒にいるときに限って一人、つまり自分自身、になれるということです。ただし肌をくっつけるほど近くにいるのではありません。子どもが不安になったとき、いつでも一緒になれるほどの場所であればよいのです。たとえば子どもは二階で絵本を読んでおりお母ちゃんは下でテレビを観ているような場合。お母ちゃんがいると分かっておれば子どもは安心して絵本に夢中になることができます。その間はすっかりお母ちゃんのことを忘れていても安心だからです。しかしお母ちゃんがいなければ不安で絵本どころではなくなってしまいます。だからお母ちゃんは、忘れられるためにいなければならない。これが「二人で一人になれる」ということの意味です。成長するにつれて離れている距離が時間的にも空間的にも長くなります。おしまいには物理的距離にお構いなくお母ちゃんの存在が感じられるようになります。お母ちゃんが「内在化」されるからです。つまり「一人でいても二人でおれる」わけです。

二つ目が、「自立とは二人いて一人になれること」です。お母ちゃんは子どもと二人でいるとつい何でも二人でやりたがります。しかし先に述べた、絵本に夢中になってお母ちゃんを忘れることが、すでに自立のはじまりです。さらにいえば、ハイハイでお母ちゃんからできるだけ離れようとする時、赤ちゃんはすでに自立＝自己実現の歩みを始めているのです。しかしその場合、お母ちゃんはつねに子どもの自己実現の動きを見守っています。たとえその場に姿が見えなくてもです。そうであるからこそ、子どもは「二人いるから一人になれるのです。そうしてそれが「一人であっても二人でおれる」ようになる程度に応じて、子どもたちは「二人いても一人になれる」のです。「二人いるから一人になれる」ということはだから、「二人いても一人になれる」ことを、いい代えただけのことになります。それが自立するということなのです。

おしまいが、「依存のない自立は孤立にすぎない」です。わが国では、自立するためには依存を切り捨てなければならない、という考え方が優勢です。しかし実際は十分に自立している人だけが依存することができるのです。依存しても呑み込まれる不安がないからです。逆にいえば十分に依存してはじめて自立することができるのです。自立したからといって見捨てられる不安がないからです。われわれには生まれつき合体欲求があります。そしてそれが生涯続きます。これを依存欲求といってもよいでしょう。それがそこそこに満たされている人が、その程度に応じて自立することができるのです。以上のことはすべて、きずなが感じられていてはじめて離れることができることを言っています。その意味でここでいう孤立とは見捨てられ状態と考えてよいと思います。物質的に豊かになった現代人の疎外感は、ほとんどそこに発しています。

以上、白秋の「金魚」の詩にかこつけて、小さい子どもの成長のプロセスについて考えてきました。なかなか一筋縄ではいかぬプロセスです。白秋が、こういう詩こそが子どもの情操を耕すのだ、といった意味は多分そのあたりにあったと思います。次に、似たようなことですが、それらのことを少しばかり違った観点から具体例に基づいて眺めてみたい、と思います。

二　子どもと死——悪をめぐって

1　鳥山先生のバーベキュー

鳥山敏子さんとはもと東京都の小学校の先生でした。生徒が六年生くらいになるとバーベキューをやるんです。ＰＴＡのお母さんたちに協力してもらって、です。ただしこのバーベキューは、きれいに出来上がった鶏肉を焼いて食べるんじゃないんです。生きている鶏をもらってきて、自分たちで、嫌がるトリの首を切って血を出し羽をむしって調理するんです。私は田舎育ちなんで、昔、鶏をしめたことがありますが、なかなか死なないので往生しました。首を切れば当然血がしたたり落ちる。だから女の子なんかは手で顔を覆って「先生、やめて」なんて言ったらしい。その手をひっぱがしまして「よく見なさい」って見せるんですよね。男の子も「こんなもん、食うもんか」って頑張るんですけど、バーベキューが始まっていい匂いがしてくると、つい一口食ってとまらなかったなんてことなんですね。

都立の小学校だったので問題にならなかったのが不思議なんですけどね。親御さんたちも始めはやっぱりブツブツ言う方がいらしたらしいですけど、やがて協力するようになるんです。なぜかというと子どもたちがよくなるんですよ。女の子が作文に「あれだけ死ぬのを嫌がった鶏さんを殺して食べたんだから、鶏さんの分まで生きなくっちゃ」なんて書くようになった。あるいは、野菜だって命がある、その命をいただいたんだから食べなければ、と偏食が少なくなった。給食を残す子も減ってきたんです。そういう目に見えるよいことがあって、ＰＴＡの方たちも協力なさるし、教育委員会も渋々黙認することになったみたいです。

なんで鳥山さんがこんなことを始めたかと言いますとね。クラスの中で「僕はビフテキ大好き。から揚げ大好き」と言ってね、「鶏をしめたり牛を殺したりする奴は最低や」と言った奴がいたんです。それで鳥山先生が怒りましてね。人間が生きることがどういうことか。われわれはものすごくたくさんの命を犠牲にしてそのおかげで生かせてもらっているんだ。それをレストランで出てきた綺麗なビフテキ、あるいはお母ちゃんがつくってくれたあつあつのから揚げをパクパク食っといて、そのから揚げをつくるために鶏が一羽、牛が一頭死んでるという、見にくい（醜い）面に目を覆ってるんですよ。

テレビを見てますとね、牧場なんかでブクブクといったら悪いね、コロコロ太った豚が出てきたりしますよね。あれ可愛らしいですね。しかし、あれは人間に食われるために生かされてるんですよ。ヘンゼルとグレーテルみたいなもんだ。お菓子の家で喜ばせ太ったところで食うわけでしょ。動物愛護も大事だけど、その動物を食わねばならない悲しみを忘れるわけにはいきません。われわれは、そういう残酷なことをやらなければ生きていけない。そういう一種の業を背負っている。魚だって、すし屋に行ったらおどりくらい食べるじゃないですか。口の中でピクピク動いている、それが新鮮でうまいんやって言って、かみ殺した歯ごたえを楽しんだりしてるでしょ。自分の中にはそういう、ある意味で知らぬ顔ですませたいところが一杯ある。ある時飲み屋でメダカみたいな魚を生きたまま出されて「え?」と思ったけれど、連れが「食え」というから食べたことがあります。うまくもなんともない。みんな食ってるんで食いましたけども、考えたらひどい話です。しかし、われわれみんなの中にそういう残酷さみたいなものがあるんですよ。それを受け入れなければいけないんです、僕ら。自分のものとして。それをきれいごとですまそうとする。

何事であれきれいな所があったら必ず汚い所があります。台所とかも。上水道もあれば下水道もあるわけだから。自分の家の中だって客が来て客間をきれいにしたために、隣の部屋がひっくり返ってるなんてしょっ中じゃないですか。そういうことに目を覆って、ペットに私たちが食べるよりも上等のものを食わせて動物愛護なんて言っているのは、チャンチャラおかしい。お粥も満足に食べられない人の大勢いるのを知りながらですよ。そういう人は、みんな菜食主義者になったらいいんだ。だけど菜食主義者になったところで、植物だって鳥山先生の生徒が言うように、生きてます。われわれ人間にはよい所が一杯ある。しかし、悪い所もたくさんあるんですよね。そういう丸ごとの自分をどう生きるかがすごく大切だと思います。鳥山先生のバーベキューにはそういう狙いがある、と私は思います。

2　おとぎ話と魔女

ちなみにおとぎ話に出てくる魔女たちは、母親の避けることのできない悪しき一面を表している、といわれています。しかしやることがあんまりひどいので、まま母ということになっている。グリム兄弟がいくら何でも実母があんなことをするというのは子どもたちに悪い、というので、もともとの話では実母となっていたのを魔女の化けたまま母に変えたのです。しかしそれでは、まま母であるだけでみんな悪いということになるわけで、それはそれで大きな問題ですがここではとりあえずグリムに従っておきます。今でも日本では、そのグリム童話にさらに手を加え、残酷なシーンをカットすることが子どものため、と思ってるお母さんや先生が多いですね。白秋の「金魚」を残酷といって批判した西条八十と同じ発想です。白秋の「金魚」は、ある意味で母殺しの歌なんですよ。それは、子どもが自立するためにしなければならない試練なんですね。だってそうしなければお母ちゃんに呑み込まれるんだから、いつまでもお母ちゃんの傍にいたら。実際に呑み込まれてフニャフニャしている若者がこの頃一杯いるじゃないですか。

精神科医とか心理学者で、一人前になるためには男も女もある段階で「母殺し」、ついで「父殺し」をやらねばならない、という人が多い。北原白秋が、「金魚」の詩が子どもの情操を豊かにすると言っているのは、そういうことですよ。深い悲しみを伴う行いなんです。多かれ少なかれかなりの罪悪感を伴うし。何よりもお母ちゃんを殺しお父ちゃんを殺し自分まで殺さなければならないのだから。そして改めてお父ちゃんお母ちゃんと自分自身とを見いださねばならない。ただし繰り返し言えば、その時に悪いお父ちゃんお母ちゃんと悪い自分とを一緒に入れ込んでおかないといかん、ということです。

3　私の蜘蛛体験——サド・マゾヒズム

ところで私は男の子でしたから、子どもの時に生き物をだいぶ殺しました。ぜんぶ加害者です。そういう経験の中で、今でもゾクッとするような思い出があります。土蜘蛛ってご存知ですか？　この頃はめったにいませんねえ、多分。大きな石の脇とか木の根っこみたいな所に深い竪穴を掘ってね。その中にものすごい蜘蛛がおるんですよ。これぐらいの大きさのが［高さ一センチくらい。しかし記憶ではもっと大きい］。子どもの頃、その巣が家の庭石の脇にありましてね。その巣の前だったか上だったかに虫を乗せるんですよ。するとね、そいつがぞろっと出てくる。それがすごい。何ともグロテスク。その時、五、六歳頃だったかな。もうちょっと上か。見ただけでゾクッとする。怖いんです。もっとも見てるだけで触らないから危険は感じてません。しかし怖いんですね。そいつがその虫を捕まえて穴の底にゾロリと引きずりこむんです。多分、暗い穴の底で食っとるんですよ。その一瞬を見るのがたまらなく好きでね。

ただあのゾクッとするのが微妙なんです。今でも覚えています。何が微妙かと言いますとね、その時、私は蜘蛛になっとったんか蜘蛛に食われている虫になっとったのか、よく分からないんですよ。つまり蜘蛛に食われている虫に自分を重ねてゾクゾクしていたのか、あるいは蜘蛛になって逃げようのない虫の血をゆっくり吸いとる感触を想像していたのか。今にして思えば多分その両方なんですね。サディズムとマゾヒズムが一緒になっている。ただし、あれはもともとセットになってましてね。一くくりにしてサゾ・マゾヒズムと言います。サディストは大抵マゾヒストなんですね。別々じゃない。サドだけでマゾでない奴はないし、マゾだけでサドのない奴もいない。そういう自分の中の何とも言えない被害者的な感覚と加害者的な感覚の混じりあい。

これは一種の一体化願望、難しくいうと胎内復帰願望です。つまり食われることによって相手と一つになる。あるいは食うことによっても一つになりますね。もっとも原始的な合体願望です。たとえばカマキリがそうですね。蜘蛛にもそういう種類がいます。オスがメスの隙をうかがって飛びついてメスに食われながらセックスをする。それによって子孫を残すんですね。ある意味で人間もそうかもしれない。そういう傾向がサド・マゾヒズム傾向として、われわれ人間の性にも残っている可能性が大きい。

4　白秋と猫

ところで北原白秋は、例の水俣病の発症した有明海の干潟の近くに住んでたんです。そして子どもの時その干潟に、近くの悪ガキたちと一緒に生きた猫を放り込んだことがあるらしい。干潟、ご存知ですね。ムツゴロウっていう変な魚が住んでいる泥海。さすがの猫も体を支えられない。沈むよりないんです。もがいてもがいてその間、よく知らないですけど、多分ニャーニャーわめいて沈むんじゃないですかね。彼はそれ見て喜んどったらしい。先にとりあげた森崎さんの本で読みました。その時もね、私、思うんですけど、私の蜘蛛体験からいって、白秋は猫になってたんじゃないか、と思います、自分が。そしてもがきぬいて死ぬ。その苦しみを楽しんでいたのではないか。もちろん絶対的な弱者を痛めつける邪悪な喜びもあったと思います。その両方があったと思う。だから罪悪感もあったでしょうね。

複雑なんですよ、人間は。ある種の状況で思いがけなくそれが発現する。そういうものが自分の中にあることをやっぱり考えておかなければなりません。そういう悪を自分の中に包みこんで、しかもすっかりそれにいかれないようにする。そうしてはじめて悪いお母ちゃんがいる、悪いボクがいる、それでもわれわれは仲のよい親子なんだってことがあるんです。すっかり綺麗、すっかり汚い、なんてことじゃなくて、光と影、清らかな泉とその底のへどろとか、それは同じものの裏と表なんです。だから影のない光はあまりにギンギラギンでまぶしくて見てられない。もちろん底のない闇にたえることもできません。影を含んだ光だけが奥行きを含み、何とも言えないしっとりした全体を包みこむような安らぎをもたらしてくれるのです。

5　情操体験——象徴性について

それからもう一つ言い忘れていましたけれども、たとえばさっきの詩について白秋は、これで子どもたちの情操が養われると言いましたが、こういうことは大人が勝手に考えているだけなんですね。この詩で歌われている子ども、「かあちゃん、帰らぬ。ひもじいな」とか言ってる子どもが、実際にお母ちゃん殺しをやっているのではなくて、心の底の底でそういうことを感じておる。また、金魚の姿に若くて美しいお母さんの姿を重ねると言っても、これは多分、白秋や森崎さんが重ねていただけで、子ども本人には思いもよらないことでしょう。われわれもそう言われたらそうかな、くらいは思いますが、白秋の言ってることが客観的な事実だとは思っていません。それで金魚を握った時、子どもが綺麗と思う、冷たいと感じる。お母ちゃんの着物と似てるな、などと気づいたかもしれないし、何にも感じなかったかもしれません。しかし漠然とではあるにしろなんとも言えない感じはあったと思います。

お母ちゃんを殺しているのか、自分を殺しているのか、憎いのか、悲しいのか。そういう何とも言えない感じの中で、まさか自分自身を殺している、なんてことは夢にも思っていないのは確かです。しかし金魚が自分の手によって死ぬことは分かっていたはずです。そのことの意味を白秋のように分かってしまうことは、子どもには知的には無理だろうし感情レベルではうけとめきれないでしょう。それにもかかわらずなんとなく感じている。それが大事なんですね。それを象徴体験といってもよいでしょう。よく言われる、小さい子どもがお母ちゃんの匂いの残るボロ布れや垢まみれの人形をいつまでも持ち歩くことなどがそれです。いわゆる情操教育にはそういう微妙なところがあります。だから今日行われている教育現場における性教育は、直接的でかえって子どもたちの性感覚を干からびたものにしている可能性が多分にあるのではないか、と危惧しています。子どもたちに、愛について悪びれずに話せる大人が少なすぎます。余談ですが。

6　カウンセラーの仕事

先ほど紹介して下さった先生が、私のことを研究者とおっしゃったけれども、私は研究者ではなくてカウンセラーなんですよ。だから今でも何人かの方たちに会っています。それで私自身のカウンセラーとしての経験が、いま申し上げているようなことの中には含まれています。つまりクライエントと呼ばれている人たちがいらっしゃった時にわれわれカウンセラーのする仕事は、クライエントの方たちがどれだけ自分の中の悪に気づかれるか、を促すことなんですね。そのためにはカウンセラーが自分自身の悪にそれなりに気がついて、そしてその悪となんとか折り合いをつけていなければならない。その程度に応じて、クライエントの悪、たとえば浅ましいところを見てもたじろぎませんね。そして「あんたも苦労してるな」と言える。同じ浅ましさにカウンセラー自身が苦労しているからです。「そこを治さんといかんのや」と言ってるカウンセラーは、まず私の感覚ではダメですね。多分、クライエントのお役には立てません。たしかに「あんたのそこが悪い」と思わせられる人は大勢おられます。しかしそういう人の中にもよい自分がちゃんといるんですよ。いるんだけどもいろんな事情があって、心ならずもこういうことをせざるを得ない、ってのがほとんどです。そしてカウンセラーは、自分の中にそれと同じ気持ちのあることがわかっている程度に応じて、クライエントの心にちょっと寄り添うことができる。「そこを治さなければいけない」ということでやらなきゃいけない人もいますけどね。そういう人は私の場合だったら私の能力を超えているから、そういう人を扱う専門家にお任せしています。

7 死ぬことと子ども

そこで「死ぬ」ということに戻ります。さっき言った森崎和江という詩人が、自分の娘さんが四歳ぐらいの時に、夜、仕事をしてられた。隣の部屋にその子を寝かせておったんですけど、それがシクシク泣いているんです。それでビックリしてそばに行ったら「お母ちゃん、死ぬのが怖くないの?」って聞くんです。そこで森崎さん、詩人ですから感受性の鋭い方ですよね。これは本気で答えなかったら答えにならない。だから本気で、全力投球で答えなきゃと思うけど、ふだんことばで勝負してるはずの詩人なのにことばが出てこないんです。だから布団の中に入って一緒に涙を流しながら抱きしめるよりなかった。つまり四歳の子どもにね、「死ぬのが怖い。お母さんは怖くないの?」って聞かれてね、答えようがないんですよ。これは多分、どの親にとってもそうでしょうね。それで必死の思いで「お母さんも死ぬのは怖いんだよ。だけど必死に生きているの。だからあんたが大人になるまであんたと一緒に生きているから、ごめんね」って謝ったっていうんですね。謝ったのがよかったのか悪かったのか、私にはわかりません。ただ森崎さんは、その時はそれが精いっぱい。もっといい答えがあるはずなんだけどそれが見つからない。

ここで言いたいのは、四歳の子どもで「死ぬ」ことを考えている。そしてそれはおとなが必死に考えても考えつけない程深い意味を問いかけている。おのれの存在の本質的意味を問いかけているのですから。そして森崎さんに言えたのは「私たちおとなもやっぱり怖い」ということです。もっと安心させてやりたいと思ってる。しかし私も怖いことに、どうして「怖がるな」あるいは「怖がることはないよ」なんてことが言えるのか。そのうちにね、その子が森崎さんの背中にちっちゃい手を回してね、「もうこんな怖いこと言わないから、ごめんね。あっちへ行って仕事をしていていいよ」って言ってくれたんです。それで終わり。それ以降、死ぬということは言わなくなったそうです。

それから河合隼雄先生が今の森崎さんの話を『子どもの宇宙』という本の中で紹介して、それから自分の経験を書いていられるんです。京都で電車に乗っとったら前に肝っ玉母さんみたいな方がいらして、そのお母さんにやっぱり四歳くらいの女の子がまとわりついてね。何かしゃべってるんです。あの人は、そういう話を聞くのが好きですから聞き耳たてて聴いとったら、その子が突然、「お母ちゃん、死んだら生まれ変わるんやろ?」って言うたんですね。するとそのお母さんが間髪を入れず、「人間、死んだらしまい」って言ったっていうんですよ。そしたら子どもが「いや、死んだら生まれ変わるんちゃうの?」って繰り返したんですね。すると同じような調子で「違う、死んだらしまい、しまい」、で、終わりです。

それを河合先生が感心なさってね。それと森崎さんのとは一緒や、と言われてるんです。死についての子どもの問いに正しい答えなどないのです。肝っ玉母さんは忙しい人だったんでしょうかね。だから死ぬなんて、そんな贅沢なことを考えている暇がないわけです。生きるのに精一杯。生きてる間はとにかく頑張れって、もう信念なんですよね。森崎さんの方はちょっとセンチメンタルなんです。だから抱いて「お母さんも怖いよ」って涙こぼして。結局、子どもに慰められてなんとかなった。しかし、それで一番安心できたのはやっぱり女の子でしょうね。だから誰しもがこういう時、「死んだらしまい」って言うのではなくて、それがその人にとってのホンネかどうかですね。それがパッと言えたら子どもは納得する。

一〇歳すぎぐらいにその第二波があります。そして才能のある子が詩集なんか残して自殺して惜しがられることがある。だから「四歳やそこいらの子どもが、人間死ぬなんて考えてるはずがない」ってことではなくて、案外、知っているんです。それも他の子よりセンスのある子なんでしょうね。こういう子は坊主になるか哲学者になるか、悪くすると自殺するような子どもですね、多分。だから用心せなあかん。才能のある子って、そんな子が多いんじゃないですかね。だから北原白秋が有明海の干潟に猫を投げこんで、子どもながら自分の死について思いをひそめたということは、大いにあると考えています。

8　ウィニコットの話

それからウィニコットです。ウィニコットというのは、さっきもとりあげましたがイギリスでカウンセラーのような事をしていた人です。小児科医なんですが、まあ大カウンセラーですね。ある時、これも五、六歳の喘息の子どもがやってきましてね。ウィニコットはプレイセラピー、遊戯治療という、〝問題〟のある子どもと一緒に遊ぶことで元気になってもらおうとする、子どもに対するカウンセリングのような働きかけですが、その大家なんです。それについての説明はおいておきます。で、小児科医ですけどカウンセラーですから、診察室に子ども用の遊び道具を置いているわけですね。子どもを診察しながら遊ぶんです。そこでこの子は、積み木を何度も何度もバーンとぶつけては、またちょっとたったらぶつけているんです。これはね、ウィニコットの考えによると、遊戯治療でおもちゃとおもちゃをぶつけるのはプライマルシーンの再現なんです。信じる信じないは人によります。プライマルシーンというのは、ひょっとしたらご存知ないかもしれないですね。日本語では原光景、もともとの光景。つまり両親のセックス場面なんです。子どもが両親のセックス場面をはじめて見る。これが子どもにとって大きなショックになります。これに対してどう対応するか、なんですね。

そこでウィニコットは、「君は、お父さんお母さんが大好きで、お父さんお母さんも君を大好きなんだよね。だけれども、その大好きなお父さんとお母さんが君を蚊帳《かや》の外に追いやって、二人だけで大事なことをやってるんだ。そのことで君はすごく傷ついている。すごく腹を立てているんだよな」と言うんです。それで治るんですよ、喘息が。そしてね、彼は、もしもあの時あの子が私のところに来なかったら、小児喘息からひょっとしたら大人の喘息に移行してたかもしれない。あれで治ったんだってことを書いているんです。

これはどういうことかというとね、大抵の〝悪い〟子どもたちは、自分たちをほんとに悪い子と思っているんですね。しょっ中「それはいけません」「そんな裸足のままで家に上がってはダメじゃないの」とか「ご飯食べながらこんなことやったらいけません」とか「また鼻をほじってる」とか、しょっ中ぶつぶつ言われてるからです。だから子どもは自分を悪い子と思わざるをえない。その間は〝よい子〟が死んでるわけです。しかし必死に見つけ出そうと、つまりよい子になろうともがいている。さきのプライマルシーンとの関連でいえば自分が余計者にされている、それですごく傷つき腹も立っている。親の隠しているその秘密を隠れて知っている。その罪悪感もある。それが何のことかさっぱりわからない。しばしばお父ちゃんがお母ちゃんをいじめている、と思ってることが報告されています。それも不安の種になる。

このあたり、「金魚」の子と同じなんですね。ボクだけのお母ちゃんお父ちゃんと思ってたら、何か分からんけど二人だけですごく楽しいことをやってるらしい、と。森崎和江さんは、「金魚」の母ちゃんは恋人のところに行ったのではないか、と仄《ほの》めかしています。そうかもしれない。いずれにしろボクのことを丸きり忘れて遊び呆けている。おまけに着飾って。それでいつまでも帰ってこない。それでとうとう母ちゃんを殺してしまった。よい母ちゃんまでも。もうとてもよいお利口ちゃんではおられない。だから、お母ちゃんからもお父ちゃん、つまり世間からも、自分自身からさえもとんでもない極悪人と言われて何も言えない。そういう不満が知らぬ間にどんどん澱《おり》のように溜まってくる。それらがウィニコットのケースの場合、喘息という体の反応としてとどめようなく突出してきた。暴力とか自傷行為とか時には無気力という形で現れてくることもあります。そして、ますます〝悪い〟というレッテルをはられてゆく。それがウィニコットの子どもの喘息です。ところがウィニコットの場合、その溜りに溜った気持ちを分かってもらえた。分かるとは分けもつ、ということなんですね。君が大好きなお母さん、お父さんに感じていることは、決して君が悪い子どもだからではないんだよ、と。すると喘息という自分でもわけの分からぬ不本意な症状で、その気持ちを吐き出す必要がなくなるんですね。それで奇跡的に治ってしまった、というのが多分ウィニコットの考えです。

それをもっとハッキリ示しているのがアレンのケースです。アレンとはアメリカの有名なプレイセラピストです。同じようなケースを報告しています。この子どもが悪い子なんですよ。万引きしたり喧嘩したり家出したりもう無茶苦茶やってた問題児。その子がね、何回目かのプレイの最中に「僕、このままでも悪い子じゃないんだね?」というシーンがあるんです。それから以後悪いこと一切やらない。よい子になってしまうんです。それも、本当かなとつい思いたくなりますが、そういうことがあるんですねえ。

「僕、このままで」って言うのは、「僕は悪い子のままでも悪い子じゃなんだね?」ということです。それを言ってから悪いことをしなくなる。プレイセラピーは大成功だったわけですよ。ウィニコットの場合、僕、悪いんじゃないんだよというプロテストは喘息という形で現れていました。アレンの場合はそれが非行だったわけです。それがおさまったのは、悪いけれども悪くないという逆説が、彼に納得できたからです。それは、よい子になってもすっかりはよくならない、というのと同じことです。それが、よいお母ちゃんお利口ちゃんのボクを再発見した時、悪いお母ちゃん悪い僕を切り捨ててはいけない理由です。

三　夫婦の中年——漱石の悪妻論をめぐって

「金魚」についていろいろ連想を重ねてきました。ところがもう時間がありません。だから漱石の話は資料を使って少し手短かに話します。それでどこまで喋れるかは分かりませんが。中年期の心理学的問題についての話です。

1　なぜ漱石なのか

比較的最近、必要があって漱石の小説だけですが、読み返したんです。そしてものすごく感激しました。何に感激したのか。漱石が私よりもっと苦しんでいたことが分かったからです。漱石が私より頭がいいのは、残念ながら事実です。その上私よりも努力した。私よりも才能があった。だから当然のこととして、私より大きな仕事をしてはるかに沢山お金も稼いだ。その彼がもし幸せ一杯の一生を送ったのなら、私にはまったく立つ瀬がないじゃありませんか。生きることは苦しみの連続です。私も歳をとりまして、そのことは痛い程分かっています。だからもう、早くお迎えがこないかなとぽっくり寺に行こうかと思ったことがあります。これは本当です。しかし人のする一通りの楽しみは味わったか、という思いはある。とても漱石には及びませんけれども。それがあるから生きてこられた、という思いがあります。

しかし恥ずかしいことに、この年でやっぱり死ぬのが怖いのです。これが具合わるい。ぽっくり寺に行きたくなって死ぬことが平気になるのなら、あらかた悩みはなくなるのに死ぬのが怖いでしょ。だから悩みが果てない。少々の楽しみはあったにしても苦しみの方が多かったのではないか、と思っています。ところが漱石が幸せだったとすれば、私が幸せになれないのは、漱石程の才がなかったから、お金を儲けられなかったから、有名じゃなかったからということになってしまう。ところがそれらのすべて、すなわち私よりも遥かに大きい世俗的な成功をかちとりながら、私より苦しんだとすれば、人生の幸・不幸がそういう尺度では計りきれないことを意味します。それで心から安心しました。世俗的名利など糞食えという気持ちがありながら、やはりそのことに一喜一憂する情なさ。それが癒された、ということです。つまり、金さえあればしたいことが一杯ある。それができない。ノーベル賞の受賞者が羨ましい。出世した同級生の貫禄に気押される。それが情ない。しかも、その情なく思うことが一層情ない。私の感じる不幸せ感はすべてそこに発しているといった気分が、漱石が私より苦しんでいたと知って、一ぺんに救われた感じがしたのです。

2　漱石の苦しみ

彼は明らかにいろんな面で私より優れているにもかかわらず、その優れた人が私より苦しんでいたのです。それではなぜ苦しんだのかと言いますと、一番目に生育歴がひどい。たとえば生まれてすぐ養子に出されています。養家が貧しかったのか、露店の夜店を出していてその際まだ赤ん坊の漱石を、たらいに入れて店のわきに置いていたそうです。偶然通りかかった漱石の姉が見つけて親に告げ、さすがに引きとりました。しかし三歳ですぐに又養子に出されます。父親はそこそこの仕事をしてる人だったのですが、何しろ子どもの数が多く、末っ子の漱石にはあまり関心がもてなかったのでしょう。ところがこの養家が大変で、当初はお金もあってずい分甘やかせてくれたらしい。しかし毎晩両親が幼い漱石に、お父さんお母さんは誰かと尋ね自分たちを指さすことを強要したらしい。漱石は小さいながら頭のよい感受性の豊かな子ですから、おかしいと思いつつそれに合わせなければならない。そんな所で一〇歳まで育てられ、養父母が離婚することになってやっと実家に戻されました。しかし戻されたからといって優遇されたわけではなく、まあ居候に近いような扱いだったようです。勉強は凄くできて、東大を出ています。なお養父はその後落ちぶれて、洋行帰りで東大の先生の漱石につきまとい悩ませます。その経緯は後にもとり上げる、漱石の最後の完結作品（ほとんど自伝的な小説といわれています）『道草』に詳しく述べられています。

3　精神病理

二つ目に精神的にかなり不安定であったらしい。現代の名だたる精神科医たちがいろいろ診断しています。その結果がほとんどバラバラなのです。もちろん実際に診断したわけではありません。漱石の伝記やら作品やら日記を見て、間接的に言ってるだけです。たとえば統合失調症、躁鬱病、神経症、敏感性関係妄想、抑鬱偏執症候群、混合精神病、境界例などなどです。私たち素人から見ると何が何やら分かりません。ただかなり重い精神病的な傾向のあったことは明らかです。作品にも反映していますし、実生活上でも、たとえば家族の人たちは相当悩まされています。それについては資料①をご覧下さい。

【資料①】

英国人は余を目して神経衰弱と言へり。ある日本人は書を本国に致して余を狂気なりと言へる由。……帰朝後の余も依然として神経衰弱にして兼狂人のよしなり。親戚のものすら、之を是認するに似たり。親戚のものすら、之を是認する以上は本人たる余の弁解を費やす余地なきを知る。……余が身辺の状況にして変化せざる限りは、余の神経衰弱と狂気とは命のあらん程永続すべし。

（「文学論」）

それにもかかわらず、沢山の名作を残し大学の授業もこなし多くの弟子を育てました。弟子たちにはずい分慕われていたようです。社会人としては人並以上に活躍しているのです。だからこういう人を精神病と決めつけることはなかなか難しい。しかし、だからこそ本人の苦しみは一層大きかった、とは言えると思います。

4　性格

三番目が性格です。病的傾向には生まれつきの要素が大きいと言われることが多いのですが、性格には生育歴が大きく物を言います。漱石自身が、自分は人を信じたいけれども信じられない。やさしいのか冷たいのかもわからない、と述べていますが、詳しくは資料②をご覧ください。

【資料②】

私はなんでもひとのいう事を真《ま》に受けて、すべて正面から彼らの言動動作を解釈すべきものだろうか。もし私が持って生まれたこの単純な性情に自己を託して顧みないとすると、時々飛んでもない人からだまされる事があるだろう。……それでは人はみなすれっ枯らしのうそつきばかりと思って、始めから相手の言葉に耳もかさず、心も傾けず、ある時はその裏面に潜んでいるらしい反対の意味だけを胸に収めて、それで賢い人だと自分を批評し、またそこに安住の地を見いだしうるだろうか。そうすると……罪のないひとを侮辱するくらいの厚顔を準備しておかなければ、事が困難になる。……

……今の私はばかで人にだまされるか、あるいは疑い深くて人を容れる事ができないか、この両方だけしかないような気がする。……もしそれが生涯つづくとするならば、人間とはどんなに不幸なものだろう。

（「硝子戸の中」）

家族、つまり妻や娘や息子たちも漱石についていろいろ書いてますが、その通りであったとしたら大変扱いにくい人であったようです。このあたりは病的傾向というべきか、性格傾向というべきかよく分かりません。あえていえば精神科医の内沼幸雄のいう敏感性性格傾向というのが一番ピッタリしているのではないかと思います。いろんな葛藤を正面からうけとめるタイプで、創造的な人に多いといわれています。

5 悪妻論

おしまいが悪妻説です。つまり奥さんが悪かった。新婚直後漱石はロンドンに二年ほど留学しておりまして、資料①にあるようにここで発狂したといわれました。その時、奥さんはほとんど手紙を書かなかった。漱石が何度も淋しいから手紙をくれといってるにもかかわらず、です。奥さんにも神経症の症状がありましてね。他にもいろいろ事情があって無理ないところもあるんですけどね。しかし漱石自身は、下宿を転々としたりしてすごく辛かったのは確かだったと思います。

もちろん、帰国後は楽しいこともあったはずです。お金も地位もあるから私より遥かに楽しんだことでしょう。しかし家族の中には家庭的にみて地獄のようだったという方がおられますから、そういうことを許されることで、漱石自身はかなり支えられていた節があります。楽しむ時は私よりもはるかに楽しんでます。それが可能であったのは、家族の、悪くいえば犠牲よくいえば献身があったからだ、といえる節があるのではないか。だから奥さんがまったくの悪妻だったと言い切るには若干のためらいが私にはあります。漱石は当時から押しも押されぬ大作家ですから、いくつかの伝記やら評伝があります。しかし弟子筋の方の書かれたものと、身内側のものとの間には相当なズレがある。どちらがどうということは私には言えません。いうだけの知識もない。しかしそれを承知で言えば、奥さんは一部の人の言うほど悪いだけの人ではなかったのではないか、と思いますね。

しかし『道草』とか『門』なんか読んだら、中年の男性は心が休まるんじゃないかなあ。中年の夫婦、そこで男たちがどんな気持ちになるのか、がわかるんじゃないかと思います。俺だけが不幸せやと思ってたのが実はそうじゃない。どうやらみんなそうらしい。漱石はひょっとしたら僕よりももっと不幸せだったんじゃないか、と、これは私の素直な感想です。

6　内助の功

だから言いたいことはね、漱石の奥さんは言われているほどの悪妻じゃないのではないかということです。たしかに悪妻だったかもしれないけれども、これは私の個人的経験に基づく個人的な意見ですから、そのつもりで聞いてください。悪妻であってもね、そこそこ尽くしておったのではないか。奥さんを悪くいう人はね、漱石を理想化するため弟子たちが言いふらしていた可能性が大きい。弟子たちには文筆家が多いから、その意見が広がりやすいんですね。漱石にはいっぱい症状があって、腹立ちまぎれに子どものおもちゃを投げ潰したり、二階の床をどんどん踏み鳴らしたり、子どもみたいなことをやってるんですよ。そしてあとで反省する。これはよいことですけどね、ただしそれに自己嫌悪が伴うんですよ。それが敏感性性格の辛いところです。

それとの関連で、漱石は客好きだったんですね。千客万来だったみたいですよ。「わが輩は猫である」のそういう場面にその雰囲気が出てる、と思います。それで客たちがわりに無遠慮でね、かなり飲み食いもしたらしい。時間もあまり気にしなかったらしいからね。これは主婦として大変ですよ。そして主婦のあしらいが悪いと、こうも足繁く客は来なくなります。それが続いているのは奥さんがちゃんともてなしていたからではないでしょうか。彼は反省するから苦しむんですけどね。それが先に述べた敏感性性格の特徴です。それとも関係しますが帰る家があるというのは、男には（女もそうでしょうが）ありがたいことなんですよ、本当に。漱石は家でかなり症状がひどかったんですけど、そういう症状を家で出せたから外であんまりボロを出さずに済んだんじゃないかな、とも思います。

さらにもう一つ。彼は三〇歳で結婚しましてね。彼の場合健康状態もあって生殖年齢が四五歳くらいまでだったとしたら、ざっと一五年くらいですね。その間に流産も含めたら八人も子どもを生んで（生ませて）るんですよ。そしてね、経験のある方はおわかりかと思いますけど、セックスと言うのはね、生理的欲求というのかな、その満足だけで終わった時は何ともいえない欲求不満、あえていえば味気なさの塊になりますね。精神的な満足感の伴わないセックスは、生物学的な欲求満足がありながら大きい不満が残る。だからだんだんやる気がなくなってくる。あるいは新しい対象を求めたくなる。ところが、漱石は一年から二年間隔で八人の子どもを作っている。一人は流産です。だから、かなり頻繁な関わりがあったと思います。これはその際それなりの精神的満足があったから、と思いたい。少なくとも単なる生理的欲求を処理するためだけのものとは思いにくい。もっとも昔はみんな子だくさんだったから、夫婦の間で何となく体を求めることがあったのかもしれません。しかしやっぱりこれだけ生んでいるということは、どっかで癒しというのでしょうかね。精神的なつながり感、一体感があったんじゃないでしょうかね。

7　文化の病——男女差別

つまり人間には、いくつになっても依存欲求と自立欲求の両方があるんですよ。甘えとしての一体化願望＝他者志向性と、あくまで自分らしくありたいとする自分志向性の両方です。それがさきに言った飲み込まれ不安と見捨てられ不安の葛藤としてつねにある。大人になってもあるわけだ。とくに敏感性性格の人にはその傾向が強い。だから大人になっても、やっぱり子ども返りができる場所が要るわけです。それが家族ですね。そのありがたみがわかるのは多くの場合、相手を失ってからです。ちなみに漱石研究ではおそらく第一人者といってよい江藤淳さんは奥さんが亡くなられてすぐに自死された。週刊誌では後追い心中と書いてありました。私は詳しいことは知りませんが多分そうだと思います。おそらく生きているときは、奥さんの大切さは十分お分かりじゃなかったのではないですか。私ぐらいの世代の男には多分にその傾向があります。漱石は明治の人間ですからその傾向はもっと強かったでしょう。しかしイギリスに留学し英文学が専門でしたから、男女同権の考え方は十分とはいえないがかなりの程度承知していたと思います。ところが頭では分かっていても心はついていけなかったんですね。資料③をお読みください。

【資料③】

不思議にも学問をした健三の方はこの点においてかえって旧式であった。自分は自分のために生きて行かなければならないという主義を実現したがりながら、夫のためにのみ存在する妻を最初から仮定してはばからなかった。

「あらゆる意味からみて、妻は夫に従属すべきものだ」

二人が衝突する大根はここにあった。

夫と独立した自己の存在を主張しようとする細君を見ると健三はすぐ不快を感じた。……

「いくら女だって、そう踏み付けにされてたまるものか」
健三は時として細君の顔に出るこれだけの表情を明らかに読んだ。

（『道草』）

こういう考え方、というより感じ方を現代の日本人は多かれ少なかれまだ持っていますよね。それが日本における男女差別の根底にある。まだまだある。女性にもあるんです。仕方がない。妻はもっぱら内助の功によって評価される。昔、大阪の外国語大学というところで一〇年ほど勤めておりまして、その時に留学生関係の仕事をやってましたからほんのちょっとわかるんですけども。アメリカでもやっぱり男女差別はまだあるんですねえ。だから女の人はブーブー言っています。ヨーロッパはもっとひどい。そのことを女の人は男よりはるかによくわかっています。

和辻哲郎という哲学者をご存じですか。大正から昭和にかけての日本を代表する哲学者です。この人が『風土』という本を書いた。これは日本文化論としてはまず読まれるべき本だと長らく思われてきました。その中に日本人の察しのよさについて書いた部分があります。そしてその例として、妻は、夫がいま一服してお茶を飲みたがっているか、あるいは、仕事に打ち込んでいて邪魔しないでほしいと思っているか、襖ごしにわからなければならないと書いています。［この本を出すことになって、念のため『風土』を読んでみたが、ここに書いたような記述を見つけられなかった。しかしどこかで和辻のことばとして読んだ記憶がある。趣旨として大きい違いはないと思うのでこのままの形で残した。］

いまならば明らかに通用しない男女差別的発想を、それと気づかずに日本人の美徳のような形で発言しているわけです。漱石は明治の人間です。だから和辻以上に男尊女卑的な雰囲気に育ちそれが体にしみついている。だから家庭で〝家父長〟として権威をふりかざすことに、何のためらいも感じていなかったでしょう。それにもかかわらず自伝的といわれる『道草』に描かれた中年夫婦のあり方は、現代の、思い過ごしかもしれませんが、たとえば私自身の夫婦生活ないし家族関係における哀歓ないし喜怒哀楽とまるで同じなんですよ。そこでの苦しみ方が実は私よりも大きい。漱石が私よりも苦しんでいるのに感激したというのは、まさにそこの所なんですよね。

8 夫婦の中年

私も年をとりまして、林芙美子のように「花の命は短くて苦しむことのみ多かりき」とは思ってませんが、やはり苦しかった思い出は一杯あります。今でも苦しい。絶望してるわけではありません。しかし若い時には、もっと幸せになれると思っていました。皆さんだって、とくに恋愛結婚なさった方は、これで幸せが保証されると、しばらくは思われたのではありませんか。しかしそれでいま中年まで来られた方たち。ご自身の結婚生活、幸せですか。苦い思いの方が大きいのではありませんか。何とか結婚生活を維持されてる方も、そのために大変な苦労をなさってるでしょう。

しかしそれが結婚生活の現実なんですね。漱石の『道草』や『門』はそういうある意味で疲れきった夫婦の現実の姿が、皮肉ないい方をすれば実に〝生き生き〟と描かれています。それは、お金がないからでもなく、地位がないからでもなく、誰にも認められてないからでもないのです。とくに『道草』は、一般的にも妻にも子どもたちにも孫たちにまで、ほとんど自伝に近い内容だと認められています。その当時、漱石は東大の先生で収入もそこそこあり、教授になることは見えていましたしすでに作家としてそれなりの評価も得ていました。にもかかわらず彼が躓いたのは、普通われわれの家庭でもしょっ中起るような些事によってです。それでひどく傷ついている。

【資料④】

（妻が質屋通いをしてるのを知り、アルバイトをして稼いだ金を渡す所。）

細君は別にうれしい顔もしなかった。しかしもし夫が優しい言葉に添えて、それを渡してくれたなら、きっとうれしい顔をする事ができたろうにと思った。健三はまたもし細君がうれしそうにそれを受け取ってくれたら優しい言葉も掛けられたろうにと考えた。それで物質的の要求に応ずべく工面されたこの金は、二人の間に存在する精神上の要求をみたす方便としてはむしろ失敗に帰してしまった。

細君はそのおりの物足らなさを回復するために、二、三日たってから、健三に一反《たん》の反物《たんもの》を見せた。

「あなたの着物をこしらえようと思うんですが、これはどうでしょう」

細君の顔は晴ればれしく輝いていた。しかし健三の目にはそれが下手《へた》な技巧を交えているように映った。彼はその不純を疑った。そうしてわざと彼女の愛嬌に誘われまいとした。細君は寒そうに座を立った。細君の座を立ったあとで、彼はなぜ自分の細君を寒がらせなければならない心理状態に自分が制せられたのかと考えてますます不愉快になった。

（『道草』）

私が感動したこともお分かりいただけるか、と思います。そして、さらにいっておきたいことは、そのような〝悲惨〟な家庭状況であったにもかかわらず、それが漱石の現実生活、彼の赫々たるキャリアを保つだけの多分かけがえのないホームベースであったろうということです。オーバーにいえば、私が今日漱石についてお伝えしたかったことは、それに尽きています。

いろいろ面倒なことをお話いたしましたが、これ位で終わらせていただきます。で質問を頂くことにしましょうか。質問してください。

質問者1：四回生です。金魚のところでちょっと思ったんですけど、「母ちゃん、母ちゃん」となっているところが、後に「母さん」になってるってお聞きしたんですけど、先生は、この「母ちゃん」から「母さん」になった理由はどうお考えですか？

氏原：いや、それは北原白秋に聞いてください。では答えになりませんね。私の好みでいったらね、これは改悪したんです。白秋が後で書き直したんです。決定版がこの括弧つきなんですよ。しかし僕は元の方がいいと思ってます。しかし後から作曲されたのは「母さん」になってるんです。たとえば一番最後のところ「母ちゃん、怖いよ。どこへ行《い》た」が「眼が光る」になってますね。私は「どこへ行《い》た」の方がずっとよい、と思ってます。しかし本人が変えたんだから、仕方ありません。なぜ変えたかと言うと、それは彼の文学的センスでしょ。そこで白秋と私とどっちのセンスがよいのかと言ったら、第三者が評価することになるわけ。みんな、白秋と言うに決まっています。しかし私は元のほうがいいと思ってるんです。あなた、どう思う？　感覚なんてみんなそれぞれでしょ。ただこう変えた、ということを知ってもらおうと思って入れておきました。質問でもあったら言おうかと思ってたことなので、有難うございます。

ただし絵なんかを見る時、自分の感覚を大事にしなければいかん、とよく言いますね。しかし他人がこう言っているという理屈を知ってると、知らない時より感じやすくなるということもあるんだなあ。解説書を読んでいったら、自分の本来の感覚がそれによって曇らせられてダメだっていうんで、解説書を読まんと行っとった時よりも解説書読んで行った時の方がよく感じられたことが、私には何回かあります。しかし、ま、「母さん」を好きな人は「母さん」と読んだらいい。「お母さん」にしたかったら「お母さん」でもよい、と思いますね。

質問者2：先生は、ボクも、悪いお母さんを保ったままでお利口なボクを見つけていく。それが成熟とおっしゃったんですけども、先生が思われる人間の成熟についてはどう思われますか？

氏原：これはわからんね。わからんから、他人の言葉で答えておきますとね。フランクルという『夜と霧』という本を書いた精神科医が、この人はユダヤ人でね、ナチスの強制収容所に放り込まれて生き延びた人です。しぶとい人でねえ。それが、精神科医なんですが「ノイローゼが治るということは苦悩する能力が蘇ることだ」と言っています。私はこれ、賛成なんです。つまり生きるということは、生きている限り苦しみがないなんてことはないんですね。その苦悩する能力、本来引き受けるべき苦悩を抑え込んで、その時に出てくるのがノイローゼの症状なんです。たとえばウィニコットのケースの喘息、ビフテキ大好きと言いながら牛殺しは怪しからんという子ども。この子は症状には出てませんけどね。だからノイローゼが治るということは苦悩する能力、苦しみ悩む能力を蘇らせることなんです。

ところがよく言われるのは、健康とは苦しみや悩みがないことなんでしょう。しかしこんな退屈なことはないと思いますよ。いや苦しみは辛いけどね。だから私は死ぬのが怖くて、時々「死んでしまいたい」と苦悩しているんですけどね。苦悩する能力があるから。しかしこれはノイローゼではなく健全な苦悩する能力があるからなんだ、と、本当にそう思います。だから漱石は無茶苦茶しんだんですよ、本当に。もう、家でおかしくなった時は本当におかしかったみたいですよ。家族は往生したみたいです。だから漱石については息子さんも文章を書いてますけどね、奥さんも書いてますけどね、ボロクソです。

これが面白い。河合隼雄先生という私の師匠は「家の中で教授なんて呼ばれるようになったらおしまいやな」って、よう言うてはりました。そりゃ、その通りです。ところが家の中でも教授で威張っている人がいるんですよね。可哀そうな人です。河合さんのケースでね、親父が東大出でね、息子が悪くなった人がおるんですよ。その息子さんが「親父が偉い分、俺は悪《わる》なったる（悪くなってやる）」って頑張ってたそうです。それである時先生が「息子に東大出やって威張ってる親父なんて最低やな」と言ったら「そやそや」って喜ぶんですよ。そこで「ほな、親父が最低やったらあんたは最高の高校生にならないかんな」って言って二人で大笑いしたんだそうです。河合さんのカウンセリングって、そんなんですよ。そらそうです。息子相手に東大出たこと威張るなんてのは、他に威張る場所がないんですよね。むしろ可哀そうなんです。

質問者2：そしたら成熟っていうのは、この苦悩する能力がその人に備わってきたということですか？

氏原：そういうことですね、それでそれを黙って表に出さんでおれる人でしょうね。しかしやっぱりどっかで怒鳴らんといかん。それが家族。それが家なんですね。ただしそれは死なれてからわかるんです。だから江藤淳さんみたいに後追い自殺する人もいるんじゃないかな。その意味で今までは、ひたむきと言うか耐えてきたのが日本の女性なんですね。だけどその女性たちは、どっかで「この家を支えているのは私なんだ」という自負心があったと思う。「私がいなかったら、この家、バラバラや」と、ね。しかし、そんなこと言って舅にでも姑にでも聞かれたらえらい目に遭いますからね。小姑とかもおるし。ひたすら耐えていたんですよね。

Ⅲ

第5章　河合隼雄先生の思い出

はじめに

平成二五年六月一五日のユング心理学会初日の後、河合先生を偲ぶ会が催され、長年先生の分析を受けていた一人としてか、一五分間思い出話をさせていただいた。私としては大変手応えのある経験であったが、それをふくらませてある程度纏ったものにしたいと思い、こうした文章を書くことになった。書いているうち、あるいは書き終ってからも、いろいろあらためて思い出すことが出てきて私としては相当苦労した。お読みくださる方が一人でも多くなれば嬉しい。

四〇年たらずの印象を一言でいえば、ほとんど私が喋っていただけだった、ということになる。分析の始まりは四〇代のはじめ、私自身がカウンセラーとしての実践を始めて一〇年近くたっていたか。先生のやり方は私の聞いていたユング派の流儀で、夢を書いたものを二通持っていって一通を先生に渡しもう一通を私が読み上げる。それに先生がコメントをして下さるものと思っていた。大体はその通りだったのだが、コメントが余りなかった。もちろん、一回五〇分の時間があるのだからいろいろ話していただいたはずであるが、その記憶がほとんどない。何しろ四〇年近くの長丁場である。全部思い出すことはまずできない。それにこの報告は分析経過を経時的客観的に報告するためのものではない。私にとって先生との分析が何であったのか、を確かめるために書いている。だから、まず全体的印象について書き、それとの関わりで私にとって大切と思われるエピソードとそれにまつわる連想を書くつもりである。とくに先生の存在が、分析中に感じていたよりも遥かに大きかったことに気づいたのは、先生が倒れられて以後、つまり先生との接触が断たれて後のことだったので、そこであらためて考えたことも含めて書いていきたい。

一　分析の印象

1　「感じるためには知らねばならない」

このことばはいつ頃だったか、分析を始めてかなり経った頃か、私なりに思いついたことばである。その頃すでに文章化もしていたのだが、あるセッションで思い切ってぶつけてみた。しかしそれに対する答えは、「それはあんたが思考タイプだからだ」と、それっきりだった。

このことばはサン・テグジュペリの『星の王子さま』の「バラはバラでも自分の水をかけたバラは別物だ」という文章から思いついた。つまり自分が丹精こめて育てたバラは、自分にとってもう他のバラとは違う特別なバラ、ということである。たとえば恋人に贈られた小さなバラが、金持の伯母さんから貰った大輪のバラとまるきり違う、というのと同じことである。あるいは先に述べたような、大掃除で押入れから出てきた古パイプを、「誰がこんなガラクタ大事そうにしまってるんだ」と怒鳴っていると、母親が出てきて、「これは亡くなったお父さんが大事に使ってたものだから、捨て切れなかった」などと言ったりすると、急に懐かしい気持ちが起こってきたりする場合。それが父親の物と「知る」ことで、ついさっきまでのガラクタが自分にとってかけ代えのないものとして「感じ」られてくるのである。その頃、知ろうとすることは感じるプロセスを妨げる、ということが言われていた。それに対するアンチテーゼとしては、私なりに臨床的には気の利いたせりふと思っていた。いまもそう思っている。それだけにずいぶん分ガッカリした。

2　夢について

夢についても、「先生は二、三行の夢に一ページくらいのコメントを書いておられることがある。私の夢についてもいろんなお考えがあるに違いない。それについて何か説明してほしい」と何度かお願いしたが、「あんたの夢は難しい」と言われるだけで、じっくり説明して下さることはほとんどなかった。もちろん私の連想には腕を組んだり目をつむったりでその表情は今でも憶えている。しかし纏った説明を聞かせていただくことはめったになかった（と思う）。ただ私が、私のカウンセリングではほとんど夢を聞くことはしない、クライエントが話された時は一生懸命考えるけれども、渡辺雄三（一九九五）さんや川嵜克哲（二〇〇五）さんみたいな鮮やかなアイデアがほとんど浮かばない。ロールシャッハやTATの時は思いつくことが一杯出てくるのに、自分でもわけが分からない」（これは関西ロールシャッハ研究会で、長らく河合先生〈だけではないが〉の指導を受け、私の解釈を見て頂いたことがあったからである）とぼやくと、「夢には向いている人と向いていない人があるみたいやねえ」とおっしゃっていただいた。

3　カウンセリング評論家かカウンセラーか

一度「私はカウンセリング評論家になれてもカウンセラーにはなれないかもしれない」と言ったら、大きく頷かれてガッカリした。「そんなことないよ」と言ってもらえることを期待していたからである。これには少々わけがある。というのは、「感じるためには知らねばならない」ということばを思いついて少々得意になっていた節がある。それは実践的にもある程度の手応えがあり、カウンセラーとしては一つの通過点であるといまも思っている、と同時にそれだけではすまないことに薄々気付いてもいた。それには河合先生の著書の参考文献にあげられている本の中で、私がこれはと思った哲学者たちの影響がある。恥ずかしいことであるが、私の読む本の多くは先生の引用されているものが多い。しかもそれらの本のすべてに目を通しているわけではない。その河合先生が、自分はケースがあるので読書量が少ないと喞《かこ》ってられるのだから専門家という人たちは怖ろしい、と思わずにいられない。それにつけても臨床心理士、指導者層の人たちも含めて、少なからぬ人たちが少々勉強不足なのではないか、と思うことがある。これは素人出身者としての印象に過ぎないが。それらの哲学者たちを一々紹介する余裕はないが、簡単にいえば中村雄二郎の共通感覚、中沢新一の流動的知性、市川浩の身の構造などである。しばしば目から鱗の落ちるような思いをさせられた。それと共に河合先生の「何もしないことをする」ということの意味について、私なりには考え続けていた。そこでその頃考えていたことについて少しばかり述べておきたい。

4 「我思う、ゆえに我あり」

それを私なりのことばでいえば、カウンセラーとしてクライエントとの二人称的関係をどう生きるか、つまりカウンセラーとしての役割を通して本当の自分をどう生きるか、ということである。とくにデカルトの「我思う、ゆえに我あり」の「我」が前の「我」にしろ後の「我」にしろ、「我は」なのか「我が」なのかを真剣に考えこんだりしていた。「我は」ならば名詞文、「我が」ならば動詞文となり、それは、ファウストが聖書をドイツ語に訳そうとして「はじめにロゴスありき」のロゴスを、「ことば」にするか「行為」にするかで迷ったことにつながるのではないか、と思ったりしていた。動詞文とは具体的状況に即した動作を表現する物語文であり、それだけ主体的主語的、名詞文とは品定め文であり述語的客体的と思うからである。このあたり哲学者の坂部（一九七六）（この本も先生の文献欄で見つけたものである）に負うところが大きいのだが、ラテン語に疎く、動詞の中に主格が含まれているということの意味が分からないので、独断的に過ぎているかもしれない。

実践的にはウィニコットや松木邦裕や藤山直樹の本には感心していた。立場のいかんを問わず、彼らがその実践で経験していることの中に本物の心理臨床家のそれがあると思い、私にはまだ遠い境地であるように感じていた。それが私の中に、理屈はわりに分かってきたけれども、まだまだカウンセラーとして実践的には不十分という気持ちを生ぜしめ、評論家としてはともかくカウンセラーとしては、という疑問を投げかけさせたのであろう。

5　自分を開くこと——潜在的可能態の顕在化

とくにこの頃、カウンセリングとは、カウンセラーが自分を開くことでクライエントも自分に開かれてゆくプロセスではないか、と考えていた。そのためにはカウンセラーがまず自分自身に自分を開くこと、それがあってはじめてクライエントにも自分を開くことが可能になる。そこでクライエントもカウンセラーに自分を開き、その上で自分自身にも開かれてゆく。ここで開かれるとは何かが問題になるが、いまのところ私は、それを自分の中の潜在的な未発の可能態が顕在化するプロセス、と考えている。例えば、第1章第三節（三〇ページ）にあげた若い父親とビールの話を思い出していただきたい。「我と汝」のブーバー（第3章第三節一〇八ページ）に従えば、この時三人称的ビールが「それ」から二人称的な「汝」に変わるのである。

もう一つ、長男が生まれて一、二年の頃、ふとこいつが大きくなったら一緒に飲みたい、と思った。この場合、相手はこいつ以外の誰であってもつとまらない。そして、その時が来るまで死ねないなと思った。「こいつ」を前にしてはじめて開かれてきた私の中の潜在的可能態の顕在化である。生き甲斐という程のものではない。事実、いまはその息子と何度も飲んで当初の思いはとっくに消えている。しかし、私にとって私がこいつのこいつであること（ここで三人称のこいつはほとんど二人称化している）であることで、私のアイデンティティの確かめられるのも感じていた。つまり、かけがえのない二人称的対象に出会うことによって、私自身のかけがえのなさ、一人称性＝主体性が確かめられていたのである。これを言いかえると、三人称の息子が「こいつ」を通して二人称化し、二人称化した「こいつ」の「こいつ」になった父親という三人称が二人称化し、その結果一人称として生きた、ということになる。

6　一人称と三人称——実践的課題

自分とは何かを考える場合、われわれは即座にいろんな自分を思い浮かべることが出来る。私の場合ならば、男、日本人、教師、カウンセラーなど。しかしそれらをいくら並べても他ならぬ自分、つまり一人称性を確かめることはできない。それらのすべては三人称としての自分であり、自分にとってすべて代替可能な部分にすぎないからである。にもかかわらず、それが一人称的な自分のそのつどの顕在相であること、を見逃すことはできない。

われわれは一人称（主体）として、自分を三人称（客体）化することができる。かつそのように客体化した自分をさらに客体化することもできる。そういうことでどこまでも三人称としての自分を把えてゆくことはできるけれども、そのつど三人称（客体）化している一人称の自分を三人称（客体）化することは、ついにできない。つまり、主体（一人称）は、認識することはできても認識されることがない。その限り潜在的可能態として背景にとどまりつづける。それは一種の体感であり、その都度の束の間の仮象として展開するプロセス、運動することつまり行為することによってしか確かめられない感覚、である。

認識する、すなわち知ることとは、何よりも三人称（客体）化のプロセスであり、現実適応に不可欠の主に言葉を介して行われる働きである。先にファウストがロゴスをことばとするか行為とするかで迷うことを述べたのは、以上述べたことに重なる。デカルトの「我」が「我が」なのか「我は」なのかにこだわったのも、認識（この場合、経験とか意識とほとんど同義と考えてよい）することが、一人称的な主体（その時は「我が」になる）なのか三人称的主体（その時は「我は」になる）なのかがあいまいになる

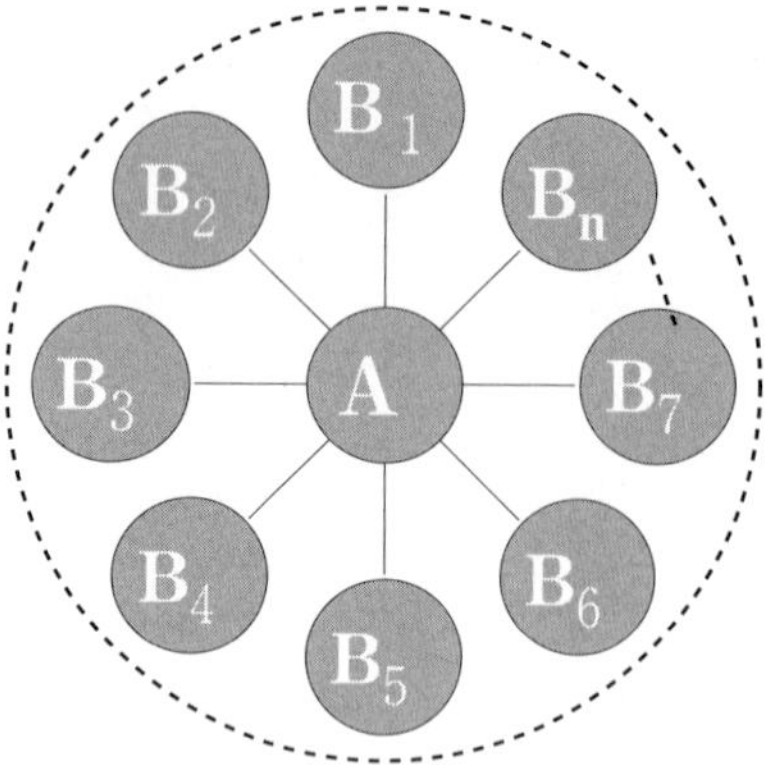

「我」の構造――一人称と三人称の図

1. 中央の大きな円Aが一人称としての我である。認知する主体。ただし客体として認知されることはない。その限りAはすべてのBの潜在的可能態として背景にとどまっている。しかしそれのあることが感覚的には分かっている。
2. 周りの小円B_1…B_nが三人称、主体（一人称）によって認識された客体としての自分。ほとんど無数にある。一つ一つのBは，Aのそのつどの束の間の顕在相であり，お互いに分離独立している。その一つが顕在化する時は，他のすべての三人称は背景であるAに沈む。すべてのBはAとの関わりを通してのみ他のBと関わっている。
3. 点線による円周は外界との境界。全体がAを中心とする纏りのある場を形成していることを示す。つまり「我」は環界とのたえまのない相互作用を行い，全体の構造は刻々と変動（運動，プロセス）を繰り返していること，かつそれに応じて顕在相は刻々に変るにもかかわらず，全体としての纏りを保つことを示す。詳しくは拙著『心とは何か』（創元社，2012）を参照されたい。

からである。つまり「我」とは何かを問題にする限り、日常場面においてしばしば一人称と三人称の二つの相が微妙に交錯する。あらゆる対人行動はすべて社会的役割（三人称的自分）を通してなされるが、その際役を演ずることによってはじめて顕在化する内的可能態がある。そのプロセスが一人称的自分の動き＝行為である。それを媒介するのが二人称的関係＝「我と汝」なのであろう。私の場合、カウンセラー（三人称の一つ）としての「我」が、三人称的な男性、父、教師などと明らかに異なるのに、一人称的には同じ我であることの意味を、実践的に何とか納得せざるをえない状況があった。

そして、三人称的対象が何らかの状況で二人称的対象に変わる時（父親のパイプと知った時の息子にとってのパイプ、私の息子が「こいつ」（三人称）からさらに「お前」（二人称）になる）、それが一つの開示としてお前のお前、新しい一人称としての「我」を顕在化させる。とすれば「汝」なしに「我」の現れることはないのではないか。そしてカウンセリングの目標は、三人称的関係を提供することによって、忘れられた身体性――一人称的主体感覚を甦らせることではないか、と考えている。そうしてそのような思考の流れの中で、河合先生の「何もしないことをすること」（これについては後に詳しくとり上げる）ということばが、背景として潜在的に私を促し続けてきたような気がしている。

7　分析の始まり

もともと分析を始めたのは、四〇代の始めかなり不安定になって突然先生に電話をかけたことによる。それまで接触はあったけれどもとくに親しい関係にあったわけではない。それが意外にも「すぐ来なさい」ということになった。始めの頃、「私はいつもあんたのそばにいるよ」と言ってもらったと思いこんでいた。それで「先週の金曜の夜、私がひとりでひどく苦しんでた時、先生はどこにいらしたんですか」とつめ寄ったことがある。この時も何も言われなかった。ただひどく悲し気な目つき（と私には見えた）でじっと見つめ返しておられた。それからどうなったかは覚えていない。

大分おちついた頃、面接室に火鉢が据えられその上で鉄瓶の鳴っているのに気づいた。それで「これ、前からあったんですか」と尋ねると、「はじめからありましたよ」と言われた。一番最初の時、「これは会わねばならない」と思われたそうである。私の様子が相当ひどかったらしい。「余程、医師に回そうかと思った」と後日言われたことがある。それが二、三か月で我慢ならぬ程の不安はあらかたおさまっていた（この時の不安については、その後私が書いた本〈氏原 一九七五〉の序文に、河合先生が少し触れておられる）。いまだにどうしてそうなったのか分からない。「あれは何だったんでしょうね」と話しあうことは何度かあったが、「何だったのかねえ」でおしまいだった。一度半ば冗談で、「あれは先生ともっと親しくなるための手だったんでしょうかね」と尋ねたら、「そうかもしれない」と言われたことはある。そんなことがありながら、分析の場で、あるいは直後に、劇的なことがあってすっかり苦しみがなくなることはなかった。ただ分析のあった日の夜はグッスリ眠れたので、その頃不眠の傾向のあった私には一つの楽しみであった。しかしそれも、たまたまある時眠れたので一種の自己暗示が働いてるのかな、と思ったりしていた。いずれにしろ何が起こったのかさっぱり分からぬまま、症状だけは二、三か月で解消していったのである。

8 スイスでの分析

何年目だったか、先生の薦めで夏の間だけであるが、チューリッヒで何人かの分析家の分析を受けることになった。これも二〇年近く続いた。夏休みだけだから週四回会ったことがあり、先生に呆れられた。先生の薦めで家族を連れていったので、私としてはずい分費用がかかった。これだけの金と時間と手間をかけて何をやってるんだろう、としばしば思った。なおこの件についてはちょっとしたエピソードがある。分析家に連絡しておくと言われ、いつまでたっても音沙汰がない。それで「どうなってるんですか」とちょっと非難がましく尋ねたら、「まだ何もやっとらんのか。そういうことは全部自分でやるもんだ」と言われ恐縮したことがある。外国人とのつきあいはそういうものか、と思わされた。

9　思考的共感をめぐって

というようなことがあった。それでいろいろなことを考えさせられたけれども、それが私の分析体験とどう結びつくのかについては、いまもってはっきりしない。分析そのものに全面的に溺れこんだ感じはない。むしろかなり批判的、というか十分な手応えを感じにくかった。にもかかわらず何十年と続けたのはなぜか。もちろんそれについてはずっと考えていた。こういう文章を書いているのも、それによって何とか自分なりにもう少し納得したいからである。そこでいま思えることは、要約すれば以下の三点になる。ただしすべて私の勘ぐりである。

一つは、何か説明するとすぐに私が飛びついて、小器用に纏めて安心してしまうのを怖れられたのか、ということである。分かるのはよい。しかしそれですぐその上にあぐらをかいてしまう。もっと苦しまねば肝心のところが開かれてこない、と見られていたのではないか、ということである。先生が私を思考型と思い感情機能を開発しなければならない、と考えてられるらしいことは私なりに分かってるつもりだった。事実、「それはあんたが思考型だからだ」と片づけられた（と私は思っていた）、「感ずるためには知らねばならない」という命題はかなり大切なことで、カウンセラーとして成長してゆくのに、ひたすら聴くだけの段階から次の、ひょっとしたら「何もしないことをする」ための前段階として極めて重要なステップではないかといまも考えている。また、それでかなりのクライエントのお役に立つことが少なくない。だからそれが悪いとはいまも考えてはいない。

しかし河合先生と話しあっていた頃、そこから来る自負ないし慢心のあったことは否めない。その頃そういう共感を思考的共感と名づけ、小説や芝居の主人公に対する共感になぞらえていた。ただし当時は感覚的共感と呼んでいたもう一つ別の共感についても気づいており、それについてはいまなお考えつづけている。おそらくそれが「何もしないことをする」ことにつながる、と感じてのことである。先生の私に期待されていた（と私の考えていた）感情機能の開発に通じる、という思いが背景にある。

簡単にいえば、共感には思考的共感と感覚的共感とがあり、思考的が能動的、感覚的が受動的、そして両者をつなぐ、またはその底に、感情プロセスがあるということである。しかし分析中は毎回夢を持って行き、私が読んで時に解釈的な連想を口走り、先生はずっと熱心に聞いておられたので、そこにはノンバーバルないろんなやりとりがあり、私にはピンとくることがほとんどなかったにしろ、それが効いていたということは十分にありうると思う。それについてはいまも考えているのだが、いまだに納得することができていない。

10　感覚的共感をめぐって

二つには、もう少し、理屈ではなく経験的にいま分かっているほどに私が分かっていたならば、少しは答えてもらえるに足る質問ができたのではないか、ということである。とくに私が評論家的と言ったのは、自分でも思考優位ということに気づいていたからである。だから思考的共感という発想には私の思考機能が相当に働いている。それはカウンセラーの能動性が強く働く。それに対して感覚的共感はもっと受動的なものである。たとえば皆藤（二〇〇四）は、風景構成法のある場面で被験者が川の絵を描いた時、なぜか砂漠を連想し体がほてりのどがカラカラになり汗まで出てきた。そこで被験者のイメージとのズレの大きさに愕然とするのだが、これがこの被験者とこの自分との「いま・ここ」のかけ代えのない関わりのしるし、と考え直し、その場の成行きに任せる決意をあらためて固めたという。

こういうことが常時起こるわけではない。しかしカウンセリングのある局面で時に生じる。そんなことは知っていたのだけれども（たとえば宗教家たちの行う観想と呼ばれる行、あるいは今日イメージ療法と呼ばれている心理治療的技法など、夢分析にもそういう側面があるのかもしれない）、経験的に納得するには程遠い状態であった。残念ながらいまもそうである。そこで何とか励ましてほしいという甘えが出たと思う。それが大きく頷かれたのでガッカリしたことは、すでに述べた。

河合先生には、そういうことは全部お見通しのことだったと思う。しかしこれは次の三つ目の反省にもつながることなのだが、思わず頷かれたのか、ある程度意図的であったのか、多分その両方だったのかは兎も角、かなり自然な反応だったとは思う。その中に私が読みとったものは、先生の私に対する大きな期待だったのではないか、といまにして思う。

11　敏感性性格

三つ目。かなりの希望的観測とわれながら思うのだが、いつ頃からか、これだけ長く会いつづけて下さったのは、先生の中に私に対する大きい信頼感があったからだと思うことが、私にとっての大きい支えであることに気づいた。あまり喋って下さらないのも、時々厳しいことをおっしゃるのも、こいつにはあまり言わなくても、あるいは少々本当のことを言っても、何とかやっていけるという見通しをお持ちだったのではないか、ということである。それだけ私には可能性がある、と思うことだけが、時に命綱のような役割を果たした。いまもそういう時がある。そう思う一番の理由は、私自身どうなるかと思っていた危機的状況が、先生に会っていただき、いまだにわけは分からないのだがいつの間にか治ってしまったことである。詳しくはいえないが、その後私は、自分が多分クレッチマー流の敏感性性格

〈内沼〈一九八三〉による〉、と思うようになった。だから不安がまったくなくなるとか、I am OK, You are OK という気分になることはめったにない。容易に躁的になるがすぐに落ち込む。それでもいままでのところ、大きな破綻にとりこまれることは幸いに免れてこれた。それは先生とある程度定期的に会う、そして夢を報告し、喋り、ちょっとしたコメントを頂く、それが意外に大きかったのではないか、と。しかしこれは、先生と会えなくなってから気づいたことである。そして、そこにカウンセリングの秘密があるのではないか、と思いはじめている。

それとの関連で、小さいこと、たとえば家族のもつ意外な重要性にも気づかされた。「神は細部に宿りたまう」のである。それを文章に書いたりもした。しかしこれらについてはもっと考えねばならぬことの多いのに気づいてもいる。ただし生きている間に纏ったことが言えるようになる自信はない。そして、それでもいいかという気持ちもある。

二　河合先生の印象

1　怖ろしい人

私が河合先生を思っていたより遙かに偉大な方であると気づいたのは、全く残念なことだが、先生と会えなくなってからだった。しかしそれについては、次の「私にとっての河合先生」でより詳しく述べる。ここではそれよりも気楽に、パッとした思いつきによる印象を述べたい。そしてその皮切りに、いままで会った人たちの中で、これは怖ろしいと思ったお二人の先生についてまず述べる。一人は鶴見俊輔先生、もう一人は吉本伊信先生である。お二人ともそれ程親しくしていただける間柄ではない。仕事の関係でちょっとお目にかかった程度の仲である。

鶴見先生については、お目にかかった瞬間、この人にはめったに嘘はつけない、たちどころに見透かされる、と思った。だからお会いしている間、終始緊張しっぱなしだった。おそらく、誰彼なしに馴れ馴れしくしたがる私の甘え根性ゆえである。吉本先生は逆に、私の言ったことを丸ごと信じこまれてしまいそうに思った。距離が測れないのである。気がついたらもう懐の内側に入っておられる。その意味では鶴見先生より怖かった。

大賢は大愚に似たり、という。真宗には妙好人と呼ばれる人たちがおられるらしい。市井のまったくの庶民でありながら、並々ならぬ境地に達している人たちである。自分の偉さについてもご存知ない人たちらしい。私は鶴見先生の本でそういう人たちの存在を知った。ただ、もう少し詳しいことは、禅の鈴木大拙先生の本で知った。というようなことから、吉本先生は妙好人の中では希有の有名なおひとりと思っていた。鶴見先生はだから、私の言ったり感じたりすることは全部ご存知の上で、河合先生を漫画の世界にひきずりこまれるなど、洒脱な面も十分お持ちの方と察せられる。だから私が怖ろしいと感じたのは、多分に私の方の投影が働いたものであろう。

私自身、一、二度大愚を気取ってみたことがある。しかしそれがうまくいきかけると、相手が本気で私を大愚と思い込んでしまいそうなのが気になって、つい小賢しいことを口走り、折角のプロセスを台なしにしてしまうのがオチであった。これは当り前のことで、大賢も大愚も実は同じことの表と裏なのだから、使い分けることなどそもそもできない。状況に応じておのずから違った相が顕れるものなのであろう。河合先生の暇があれば呟かれる駄洒落を聞いていると、ついお二人の姿と重なってしまう。

2 「何もしないことをする」

晩年に近い頃、先生は「何もしないことをするのに全力を尽くしている」と、折にふれておっしゃっていた。そして「何もしないことをすることは、見たところ何もしないのとそっくりである。しかし、何かをするよりも何倍ものエネルギーがいる」とつけ加えておられた。その頃先生は、いくつかの少人数の事例研究の会を持たれており、私もその一つに参加させていただいていた。その会のどれかでの話だったと思う。日時も場所も覚えていない。先生はあるケースについて話をされたのだが、そこで受けた印象は強烈なものであった。先生のケースだったのかスーパーバイズされたものかは、いまも分からずじまいである。

自殺したいと言いつづけていたクライエントである。あるセッションが終わった時、「先生、いよいよ今日死ぬ決心をしました。これが終わった後、ここを出て角を曲った向こうの踏切りに飛びこむつもりです。ついてはせめてのこととしてあの角まで見送って下さい」と言ったという。そこでどうするか。そのまま何もしないで座っているか。送るとすれば部屋の出口までか玄関までかなど、咄嗟に決意しなければならぬことが一杯ある。五、六人のメンバーであったが、誰も一言も発せられなかった。すると、「ここで何もしないことをすることが、何かをするよりも何倍ものエネルギーの要ることか分かるでしょう」とおっしゃった。この話をされたということは、クライエントは死ななかったのであろう。

そこで私ならばどうするか。実際の場面だとどうするか分からないが、多分、踏切りまでは行く。そこで抱きかかえるようにして一緒に渡り、来週待ってるからぜひ来てくれ、と言うのが精一杯であろう。そこで「うん」と言ってくれれば多分来てくれる（と思いたい）。さし当りそこでの勝負である。しかし返事してくれなかったらどうするのか。少なくとも家族には連絡すべきだろうか。家族が身近にいない場合はどうするか。いずれにしろ、何かしないではおれない状況に追いこまれることは確かである。それでも「何もしないことをする」よりは、その方が私にはマシである。

もし「何もしないことをする」と決めて部屋にとどまれば、どうなるのか。クライエントが出ていった後、多分じっとしていることができない。踏み切りまでの時間を測り、電車が通過する頃合いを見、救急車のサイレンが聞こえるか近所の動きが慌しくしなりはすまいかに全神経を集中し、かりにそれがなかったとしても、暫くして踏み切りまで行ってみるぐらいのことはきっとやる。いま思えば、結局どれだけクライエントを信じられるか、ということなのであろう。私が最初に先生に会っていただいた時、後の話ではあるが、これは医者に回したほうがよいかもしれないと思った、と話されたことはすでに述べた。その時先生は、多分、私の自己治癒力に賭けてみようと決心してくださったのではないか、といまにして思う。しかし、その時の私には思いもよらぬことであった。

だから何度も述べたように、なぜ〝よく〟なったのか、いまだに憶測以上のことを思いつけない。しかし何かが働いていたはずである。偉い先生ということはもちろん知っていた。いろんな人が先生と会うことでよくなられたことも承知していた。しかしそんなことは、私自身が危機的状態に陥った時、ほとんど意識に上らなかった。ただし夢は毎回忠実に記録して持参していた。私自身相当ひどいと思うものがかなりあった。ただしそれについての解釈めいた話はほとんどなかった。少なくとも、夢について話しあってああそうだったのか、という洞察めいたひらめきはほとんど生じなかった。はじめてお伺いしたのが正月早々で、鉄瓶の鳴ってるのに気付いたのは火鉢に火が入っていたはずだから三月頃だったろう。夢について「すごいねえ」とおっしゃったことは何回かあった。だからそこそこ安定するのに三か月くらいかかったことになる。その間、随分辛いことがあったけれども、仕事を休むことはなかった。職場ではちょっとおかしい程の感じはあったかもしれないが、カウンセラーとしてほとんど毎日クライエントに会っていた。時にスイッチが切り替わるような感じがあって、夢か現実か分からなくなった。もちろん先生にはその都度報告していた。私がそれ程辛い思いをしていることに、同僚たちは気づいていなかったと思う。

「神は細部に宿りたまう」ということに気付いたことを先に述べた。それをはっきり感じさせられたのは、キュブラー＝ロスを読んでからである。どの本であったのか、いまは思い出せない。彼女は精神科医である。他科の医師たちが、末期患者に対して急によそよそしくなること。つまり最後の生を生きつつある患者をほとんど見捨ててしまうことに、激しい怒りを感じていた。そういう患者たちを支えていたのが、たとえば掃除のおばさんや心優しい看護師たちであった。ベッドサイドで他愛ないことばを交わしたり、日本風にいえば同じ阪神ファンと分かると、「昨日の巨人戦、阪神が勝ったよ、それもシャットアウトでね」とか話すことである。ドイツと日本の戦没学生の手記にも死を覚悟しなければならない戦闘の前に、学生時代の何でもないエピソードや家族との団欒が懐かしがられている。比較的最近、毎日帰るべき家があり、食事があり布団の用意があることがどれ程私を支えていたかにあらためて気づかされた。当時は当たり前のこととして何も感じていなかった。これは確実に死が現実のものと予測される年に達したせいかもしれない。漱石研究で名をなした江藤淳が妻の死後、後追い心中の形で亡くなったことを先生と話しあったことも思い出される。

3　自己治癒力について

自己治癒力については多くのことがいわれている。河合先生もあちこちで何度か言及されている。ただしそれについては、本書第6章二六一ページの高校生のエピソードを参照されたい。本稿でいう自己治癒力とは、その瞬間、この高校生の心をゆさぶった一種の昂揚感のごときものである。

大分前に、末期癌の患者一〇人程がモンブランに登頂しそれがフランスの新聞で大々的に報じられ、その写真が日本の新聞に転載されていたことがある。間もなく死ぬことに目を据えることが、逆に生きる喜びをかき立てている点では、先の高校生と同じである。それで予定の死期よりもかなり長く生きのびる人もあったらしい。さきのエベレスト登頂ではしゃいでいる老冒険家と違うのは、患者たちの冒険がまったくプライベートな行動として行われているところである。もちろん、新聞やラジオに大きくとり上げられることは望外の喜びであったろう。しかしそれについては、私事であるがつけくわえたいことがある。

二〇一二年、そのときの私にとって多分最後になるであろう本を出版することができた。そして一人でもよいからこの本を読んで下さる方があれば、と思った。この本は、いまから考えても必死に生きてきた平凡な人間の陳腐な物語である。もっとも、非凡な人の劇的な物語でも長い目でみれば大して変わらない、とする〝分別〟は一応もっている。それでも、私が死んで誰かがこの本を読み、こんな奴が生きていたのかと思ってくれれば、そしてもしそれが私の子孫の誰かであってくれれば、私の（もしあるとすれば）魂は大喜びするのではないか。人は死ねば塵になる、というのは癌で死んだ剛毅な検事のことばである。そんなことを知りながら、そしてほんとにその通りと思いながら、それでもこんな奴がこんなことを考えながら生きていたんだということを、一人でもよい、知ってほしい、多分だめと思うけれども、などと思った。そしてそれが、私という人間が共存在としての人間仲間に感じている本当の気持ち、なのではないかとも思った。誰かに分かってほしい、ないしは分かっていてほしい。そういう人が一人でもいると知ることができれば、私はそれに支えられ、オーバーにいえば独りでもやっていける。先に「神は細部に宿りたまう」と言った。私にとっては大きいと思っていた仕事がいわゆる日常茶飯事に支えられている。少なくとも意識的には気づいていないような些事が、実は誰にとっても凄く大きいのではないか。小さな小さなサークル（たとえば家族）のその一員であることが、である。

前置きが長くなった。いいたいことは、この高校生がＮＨＫに投書した意味である。彼もまた自分の無念の思いと、にもかかわらず思いがけなく経験した生きる喜びを誰かと分かち合いたかったのではないか。おそらく生から見放された時、彼は世界から見放されたのである。誰もが自分を死者扱いする。キュブラー＝ロスの場合ならば、医師に見放されることによって。ところがどっこい生きている。死が現実のものとしてあるからこそ、おのれという小さな命が一層の輝きをおびてくるのではないか。この高校生は、そのことを一人でもよい、誰かに伝えたかったのではないか、と心から思う。それは共人間の住む共同世界の一人として、生き残る人の誰かにどうしても知ってほしいという、人間としての当然の思いではなかったか。そしていずれは、というよりあっという間に、忘れられてしまう。それでも誰か一人でもよい。自分がこんな風に思ったことを知ってほしい。臨死患者と呼ばれる人たちが、臓器移植のドナー候補としてしか存在意味をもたないのではなく、たとえほとんど人の目につかず役にも立たぬ喜怒哀楽にせよ、やっぱり「生きている」ことを知ってほしいだろうように。そして私がこうしてここに書き、この文章を読んで下さった方が彼に思いをはせる。その限り彼の期待は応えられ、その

「魂」は癒されるのではないか。

お分かりかと思うが、以上のことは先生が亡くなれた後、分析中なぜあまり話して下さらなかったのかについて考え、多分私の自己治癒力に期待して下さっていたのか、と思いついたことを書きしるしたものである。

三　私にとっての河合先生

1　ユングのことば

ユングがその著作のどこかで、「心理治療とはエベレストのようなものである。たまたま晴れた日にチラリとその頂きを見せても、それでその全貌が分かるものではない」と書いていたように記憶している。それは、エベレストという巨大な山についてわれわれが知っているのは、要するにたまたま見えたその一部であって、全貌を見ることはついにかなわない、ということと思う。前節で「我の構造」、一人称と三人称の関係について説明した。その際、三人称とは客体化（認識）された対象としての自分であり、一人称としての自分は決して客体（三人称）化されえないことを述べた。それを仮に主体と呼ぶとすれば、主体はつねに背景にある潜在的可能態としてとどまり、そのつどの状況に応じて三人称的な束の間の仮象として顕在化する。つまり外に顕われるということでは遠心的であるが、それらの顕在相のすべてを一つの全体的な纏まりとして統合する中心としては求心的であること、を説明したつもりである。これには私なりの臨床的枠組みである「意識の場」という背景がある。その中で原イメージという概念があり、それが下敷きとしてあるので以下それについて少し説明しておきたい。

2　原イメージ

たとえば、犬を見ればわれわれはたちどころにそれを犬と見分ける。それはわれわれの内界に犬の原イメージがあり、それといま出会っている四足獣とを照合し、それが猫でも熊でも狼でもない他ならぬ犬、と見分けるからである。この場合、原イメージはあらゆる犬の形を含みながら決まった形を持たない。決まった形をもてばそれに合わぬ犬に出会った時、犬と見分けられないからである。犬の原イメージは、だから外界（現実）の犬と出会った時はじめて顕在化する。その点、「我」が三人称化してはじめて顕在化するのと同じである。生得的な面が多分にあるが、学習される面が含まれている。たとえば女性性とか男性性はかなりの部分生得的に定められている（sexuality）が、後天的（文化的）要因に影響されるところも無視できない（gender）。両々あいまってその原イメージが形成されている。しかしこの考え方はかなりこみ入った部分を含んでいるので、興味をもたれた方には拙著（二〇一二）を参照していただけたらと思う。

3　ひとりひとりの原イメージ

そこで河合先生は私にとってカウンセラーの原イメージなのである。より正確にいえば河合隼雄という個別的特異的なカウンセラーの実践が、私にとってのカウンセラーの原イメージの一つの顕在相ということになる。しかし、河合先生として顕在化したカウンセラーの原イメージの特異な相を、私が私の守るべき規範としてとりこむと、そこから得られるものはせいぜいエピゴーネン、それもかなりグロテスクに変形した代物でしかないのではないか。というのは、河合先生の実践は先生のカウンセラーの原イメージの顕在相にすぎないからである。たまたまあるクライエントに出会われて、そのとき限りの二人のカウンセリング場面で束の間の仮象としての先生のカウンセラー原イメージが顕在化する。それは、河合先生独自のものであるにしろ、先生にとってもその時その場限りのものであって、恒久的な規範、他人が従うべき決った形式ではないはずである。他人がまねるとかなぞれるものでは決してない。

しかしそのような達人（あえて先生をそう呼ばせていただく）の芸を思うことによって、何らかの形でそれを私のカウンセラー原イメージにとりこむことができれば、いつか私が私のクライエントに出会う時、それが何らかの形で動き出すのではないか。なぜなら、私の中のすべての原イメージは、多くの点で共人間である他者との共通点を含みながら、根本的には私独自のものだからである。さきの「我」の図式において説明したように、一人称―主体としての「我」は、つねに「我」以外の私としてはありえないのだから。

4　わが内なるエベレスト

だから先生の「何もしないことをする」ということばは、その迫力にその場のわれわれ一同はみんな圧倒されたけれども、それは先生が、ご自分のカウンセラー原イメージの先生なりの特異な顕在相の一つを説明するための言語表現であり、誰しもが従うべき掟のごときものでは決してない。しかし「何もしないことをする」ということばは、カウンセラーの誰もが潜在的にもつおのれのカウンセラー原イメージにかすかに届く響きがあり、それがわれわれを動かすのである。それがたまにその姿を現すエベレストの頂きのように、全貌は明らかでないにしても、おのおののもつエベレストの存在をかなりの確信をもって予感させるのである。それは、三人称的顕在相がつねに背景にある一人称の実在を反映している、のに似ている。

そこから考えられる先生の私への影響は、いわば私におけるカウンセラーの原イメージを顕在化させること、を期待してくださっていた（のだと思う）、従うべき規範を示すとすぐにとりこんで安心したがる私の癖を飲み込んでのことだったか、とさえ思いたい。とすればエベレストは先生に顕在化したその相ではなく、まだ全容は明らかでないにしても、またそれが生きている間に可能かどうかも分からないのだが、私における「わが内なるエベレスト」の顕現をこそ期待されていたのか、と思う。

このことに気づいたのは比較的最近のことである。意識の場なり原イメージについてはずい分前から考えていたのに、それを河合先生と結びつけることはほとんどしていなかった。たとえば、私の勤務していた大学では、修士一回生の秋からケースを担当させる。その際、「君たちがまだプロの卵にもなっていない状態にあることはわれわれも十分承知している。それをあえてクライエントに会わせるのは、君たちがお金をいただいてもその費用や時間や手間に合うだけのお返しをする力を身につけた、とわれわれが判断したからである。だから君たちは君たちの最善の方法で精いっぱいクライエントのお役に立てるようにがんばれ。結果については、君たちにカウンセリングを許したわれわれが全責任をもつ」といったことを告げてきた。それが学生たちの士気を高めるのにかなり役立っていたと考えている。ところがそれこそ、君たちは君たちのエベレストを登れ、と言っていたのだといまにして思う。

5　コンステレーション

河合先生のケース報告には、時々、そんなことが本当にあるのか、と思わせられるような話がある。次の話は、何で読んだのかどこで聞いたのかも定かでないケースである。ご存じの方もおられるかもしれない。中年のご夫婦が息子の家庭内暴力のことで相談に見えた。一部始終を聞いた上で先生は、「大丈夫、治ります」と言われたらしい。喜んだ夫婦が勢いこんで、「どうしたらよいですか」と尋ねると、即座に「分かりません」と答えられたという。こういうやり方を一ぺんやってみたい、というのが私の年来の望みである。しかしやらない。というよりやれない。やればほぼ確実に中断すると思うからである。河合先生の場合はそれが続く。なぜなのか。このケースがそれっきりで終わったのか。ご両親は続けて来談されたのか。本人がやってくることがあったのか、などについては知らない。しかし何らかの形でカウンセリングは継続され、問題は解決したのであろう。

いまのところ私は、それは先生の見立ての力によると考えている。あえていえば、この家族の自己治癒力に対する信頼感である。自己治癒力は人間誰しもに備わっているが、その力が十分に発揮されがたい状況がしばしばある。たとえばあらゆる植物は内部に凄まじい程の成長力を秘めているが、十全の成長にはそれにふさわしい環界が要る。非常に単純な例をあげれば、親の経済力が子どもの自己治癒力の発現に決定的影響を及ぼすことがある。このケースについていえば、先生は両親のその人物や物の見方などをそれなりに見極め、話の内容から息子の潜在的可能性についても然るべき見通しをもたれたのであろう。そして何よりも家族全体の動きないし流れ、家族療法家ならば家族ダイナミックス、私がそう言ってよいか分からないが、おそらくユング派のコンステレーションといったもの、を見ておられたのではないか。

もう一つ私がびっくりしたケース。まったくの断片的情報しか聞かされていないので、すべて推測の域をでないのだが、年のいったご婦人が性悪の嫁の性格を直したいと言ってこられ、そこですぐに、この方は死ぬ準備をするために来られたと思った、と述べられていた記憶がある。おそらく先生がよく言われていた、モーツァルトが一瞬のうちに作曲するべき交響曲の全曲を聴いたように、死の準備というテーマが即座に思い浮かんだのであろう。

この夫婦についても、多分同じようなことが起こったのではないか。ただしその仕事をどうやりとげるかは一〇〇%クライエントの仕事である。だからさすがの先生もそこまではわからない。そこで「分かりません」と、まったく当たり前のこととして言われたのではないか。その基底音が、クライエントの自己治癒力への信頼感なのである。その背後に、この家族コンステレーションへの深い臨床的理解がある（と思う）。

そこで先生は何をなされたのか。それが「何もしないことをする」という禅問答のような逆説である。すなわち先生は、いままでの私の言い方に従えば、そこで先生ご自身の「内なるエベレスト」に思いをこらされる。私との場合、私が私の「内なるエベレスト」に気づくためにそうであられたように、このご夫婦なり息子がそれぞれのエベレストに気づくために、である。それはすでに述べたように一〇〇%この家族たちの仕事であるから、先生は手出しさえできないのである。あるいは目ざされているものが違う。「分かりません」ということばが出るのは、まったく自然のなりゆきだったのであると、これはすべてまったく私の憶測である。

6　神は細部に宿りたまう

ただ、ここでさらにつけ加えておきたいことがある。それは、一見したところ自己治癒力が十分に発現していないような場で、ある意味〝不適応〟状態のままの現状を保つことがひょっとしたら最高の〝自己実現〟といえることがあるのではないか、ということである。

宮城まり子という歌手がいた。ねむの木学園という肢体不自由児を主とする障がい児のための施設を開き、その子どもたちの描いた素晴らしい絵を世界中の人たちに紹介し、大きな感動を巻き起こした。いつの頃であったか、その子たちが四〇歳を超えた。いまだに社会的に自立できていない。「宮城氏は学園維持のために唄いつづけ、子どもたちの絵をネクタイにしたり生地にしたりして懸命の努力を続けられている」という新聞記事を見た。その後の消息は知らない。絵から見る限り、子どもたちが生き生きと伸びやかに創作にうちこんでいたのは確かと思う。にもかかわらず、子どもたちがおとなになって自立したとは必ずしもいえないとはどういうことなのか。たかだか障がい児たちがおとなたちもびっくりするようなみずみずしい感性に満ちた絵を描いたからといって、そのことに如何程の意味があるのか、という問いかけがあってもある程度当然のことであろう。おとなになった子どもたちの様子がまったく分かっていないので、これ以上言うことはできないが。しかし、彼らの作品が世界中に感動の渦を巻き起こすかどうかと関わりなく、あるいは現在彼らがいわゆる自立しているかどうかもお構いなく、少なくとも無心に作品を描き続けていた時、彼らは、先にあげたタンポポに夢中になって、やがて死ぬことを見すえてこそのおのれの生命の輝きを味わった高校生と同じ意味で、生きていたと思えないか。

7　統合失調症の三ケース

以上のことは、私の数少ない統合失調症と診断されていた人たちとの経験が背景にある。その中に私が私なりに意欲的に会うだけでよい、時にはそれしかないと思いつつ、時々これでよいのかと思うケースがあった。分析中に河合先生にそれについて相談したら、「私もそういう人に会っている」と答えて頂いた。百万の味方を得た思いがした。それで、自分がお金を頂いてよいだけのことをしている、と思うことができた。そのクライエントは仕事をしていない。中年になっていて親の経済力に支えられている所が大きかった。ある意味、無為徒食の状態である。趣味の話がほとんどで、私の知らない話が多く、興味深かった。一度仕事につきかけたことがあるが、挫折した。唆《そその》かしたい気持ちが働いていただけに後悔した。この人が人と話す機会は、家族を除いて私以外とはほとんどなかった。たいてい私から話しかけることが多かった。ただし私のために話題を選んでくれている感じのすることが多かった。

どんな障がいのある人でも精一杯生きている。それについて思い出したことがある。養護学校の先生である。「ある時中等部の男子生徒と話していた。終わり際、何気なく『同じ人間なんだからお互いに頑張ろう』と言った。すると生徒が『僕は、この障がいでずい分苦しんできた。今もそうである。そしてこれからもずっとそれをひき受けていかねばならない。それを同じ人間とはどういう意味で言ったのか』と問い返してきた。返す言葉がなかった」という。人間は、皆、同じである。しかし、現実には一人一人皆違う。その限り、同じ尺度、たとえば常識的な意味での現実適応ということだけで比較した場合、明らかに大きいハンディキャップを背負った人たちがいる。その人たちに安易に「同じ人間」と言うことは、一見人道主義的に見えながら、その人の痛みから目をそらしセンチメンタルな同情心で相手を労わるどころか傷つけていること、に気づいていないことがある。

もう一つ、これは先生に紹介されたケース。若い女性である。この人が恋をした。詳しい事情は一切省く。私は両親を呼んで、結婚させてやってくれ、と頼んだ。ひょっとしたら一、二年ももたないかもしれない。それでも相思相愛の、多分生涯に二度とあることのないチャンスだ、と思った。人がする普通のことを一回味わせてやりたかった。しかし、私とそして彼女の期待は叶えられなかった。多分、言語道断の逆転移ということになる。しかし私自身は、私なりのカウンセリングの姿勢がそれで崩れたとは思っていない。もちろん先生には報告した。

次も河合先生絡みである。三〇前後の男性サラリーマンである。既婚で二児があった。とにかく子どもたちのために定年までは働きたいといわれた。複雑な思いはあったが、それまで頑張りましょう、と約束した。しばしば職場でも〝症状〟が出た。そしてずい分苦しい思いを重ねながら頑張りぬき、主治医が驚嘆する程粘り強かった。多分、欠勤することはなかったはずである。二人の子どもを育てあげ、家長として父親の葬儀も遺漏なくとり行い、本人の潜在能力を十分顕在化したとはとても思えないままに、ひょっとすればやるべき仕事は全部やりとげられているのではないか、と思っている。病気を治すことはすべて医師に任せ、私はもっぱら〝カウンセリング〟にうちこむことができた。先生は大方のできごとはご承知であった。

河合先生の見立てには、つい大きいことに目を奪われがちな私に、しばしば目から鱗の落ちる思いをさせた。私の知る限り、ひたすら聴くかと思えば時には怒鳴り、私に対する場合のようにほとんど語らず、時々クライエント相手に演説をぶたれる。一見、その時の気分次第で、まさに端倪《たんげい》すべからざるところがある。よくいえば融通無碍、肩の力の抜けた独自の境地におられた。悪くいえば気紛れの。少なくとも私にはとても真似できるものではない。

8 「偶然だから必然なんです」

いままで河合先生に触発されて、いま私の考えている自己治癒力についていくつかの面から述べてきた。それを一口でいえば、人間という生物には、放っておいても自分の可能性をできるだけ生かそうとする内的な促しがある、ということになる。先にも述べたように、このことは植物の場合を見れば一目瞭然である。だからこれは、すべての有機体に備わった自然の傾向なのであろう。河合先生が、逆境にあってなお必死に生きようとしている人たちの内に働いているその力を、とくに細部にわたって本人以上に敏感に感じとる力に恵まれておられたのは確かである。7にとり上げた三つのケースがたまたますべて統合失調症がらみのものであったのは、私の中に、その力が極端に顕現しにくい状況にある人たちの自己治癒力を示したい気持ちが、われ知らず働いていたのかもしれない。

先生が、嫁の性悪な性格を何とかしたいということで来談した老婦人に会ってすぐに、この方は死ぬ準備をするため来られた、と直感されたケースを先にとりあげた。先生がどうしてそう思われたのかは分からない。しかしあえて推測すると、この老婦人はだんだん年をとるにつれ、やがて自分の死ぬことがいやおうなしに見えてきたものと思われる。これは多分、年をとると必然的に生じてくる現象と思っている。私自身七〇歳を過ぎてから、極端にいえば毎日、死を意識するようになった。次のオリンピックがいつだとかこのビルが三年後に建つなどと聞くと、ほとんど反射的にその時まで生きているかな、と思うようになった。その上残念ながら、この年になってまだ死ぬのが怖い。そしてどんな風に死ぬのかなとか、死んだらどうなるのか、などと思う。

そこでこの老婦人が、家族に囲まれて安らかに死にたい、と思われるのはある程度当然のことと思う。それにはもちろん優しい介護が不可欠である。ところが今の嫁ではちゃんとやってくれる可能性がほとんどない。するとあらためて悪い嫁をもったことが悔まれる。というのが、〝思考型〟の私にせいぜい思い浮かぶ連想である。それがまったく無意味だとは思っていない。しかし河合先生の思いつきは、それよりも深いところから来ている、と私は思う。そしてそれは、ある意味天性とでもいわねば仕方ない特性である。それをいい代えれば、まったく人を寄せつけぬ先生だけのエベレストの頂のでき事なのである。それをどれだけ分かるかは、私が私の内なるエベレストにどれだけ近づけるか、で決まると思っている。

はるか昔、私がカウンセラーになったのはまったくの偶然がいくつか重なっただけだ、と先生に言ったことがある、「偶然だから必然なんですよ」というのがその時のお答えだった。コンステレーションとはユング派の用語であるが、日本語の「ご縁」とずい分重なるところがあると思う。その限り仏教的存在論を西欧語の枠組みでうまく言い当てている。つまりわれわれ近代人は、それぞれ独立した個人として生きているつもりであるが、ご縁ないしコンステレーションという枠で考えると、自分が個人よりももっと大きい「はからい」のようなものに包みこまれているところが少し見えてくる（と私は感じている）。ご縁のあるすべての人ないし物との相互作用を通して、大きくか小さくかの差はあるにしても、精一杯生かせてもらっている。自分の可能性をすべて生かしている人など、有史以来おそらくいない。潜在的可能態は、外界の対象と出会わない限り顕在化しないからである。顕在化しないままに終る可能態の方がはるかに多い。だから可能性とは、与えられた状況の中でいかに生きたか、によって測られるべきなのであろう。

たとえば先にあげた統合失調症の人たち。タンポポに感動した高校生。モンブランに登った余命のすでに定まった人たちなど。しかし人間はすべて、生まれた時すでに死すべく定められている。そうした定めに目を据え、「いま・ここ」だけの束の間の仮象としての生を引き受ける時、おそらく神が、いつか死ぬ定めを負った人間のその細部に宿りたまうのであろう。ここで働いているのが、個々人のうちにひそむ自己治癒力であると思いたい。本人の好むと好まざるとにかかわらず、である。われわれの存在の外側にある広がりが「はからい」として、その限り中世のヨーロッパ人が考えたマクロコスモスとミクロコスモスの共ぶれとして、他方、内側にある深みが「自己治癒力」として、むしろ東洋的なマクロとミクロを「我」において統べる力の中核ないし中心として、どちらもがほとんど意識されていない潜在的な背景にあって働いている。そして河合先生は、そうした働きに対する驚くほど敏感な感性をお持ちだった、と考えざるをえない。たとえば先の老婦人の嫁に対する不満の背景に、おのれの死に対するむしろ積極的な動きを感じとられたように、である。

9　文化の病い

ここで、臨床の大学院で行ったロールプレイのケースをとりあげる。これはいわゆる熟年離婚のケースである。夫は実直なサラリーマン。仕事で遅くなることはあるが、とくに変わったところはない。妻も平凡な主婦である。二人の子どもは自立している。その妻が定年後一年程して夫に離婚を申し出た。夫にはまったく思い当たるところがない。で、途方にくれた形でカウンセラーを訪れた、という設定である。そこでカウンセラーの努めていたことは、妻の申し出を受けてどう感じたか、思い当たることはなかったのか、話しあいはその後どのへんまで運んでいるのか、奥さんの態度は変わりそうにないのかなど、必ずしもまったく不適切とはいえないやりとりであった。しかしいわゆる「文化の病い」についての配慮がまったくなされていない。

文化の病いについては、同一文化圏に住む人たちが、自分たちの生き方や考え方を人間全体に通用すると思いこんでしまう状況である。たとえば和辻哲郎がどこかで日本文化について、妻の役割をもっぱら内助の功に限定して論じていた記憶がある。和辻ほどの人が、それが差別思想であると気づかぬ程に、それを当然のこととしていたものと思われる。

しかしこうした発想は、現代の日本人社会にはまだまだ深く根づいている。ただ女性の多くは、自分たちが男性優位のシステムによってどれだけ忍従を強いられてきたかについて、かなり気づいてきている。ある中堅サラリーマンの妻は、大恋愛の末に結ばれた夫との間に二児をえて、気がついたら夫と子どもの世話に明け暮れて自分らしい生活をまったくしてこなかった、いま何かしなければ女として生れてきた甲斐がない、と歎かれていた。これは明らかに、西欧的な個人主義的ありようが、明治以来とくに第二次世界大戦後アメリカから、かなり浅薄な部分も伴って滔々と流れ込んできたことの影響が大きい。しかしそこにかなりポジティブな意味の含まれていたことも否定できない。男女同権論に限っていえば、現時点でそれを無視することはもうできない。男女が同じ人間であることは、いまでは少なくともいわゆる先進国では自明のことである。昨今、なおアメリカで問題になっている黒人差別に明らかなように、法的な平等と現実との間にかなりのギャップのあるのが周知のことであるにしても、である。

したがってこのケースの場合、離婚問題はこの夫婦の特異性によってもたらされたのではなくて、現代日本のほとんどの中年夫婦が、好むと好まざるとにかかわらず、また意識しているかどうかは別として、潜在的にいやおうなしに直面させられている状況なのである。それが本節にいう文化の病いである。それがたまたまこの夫婦において顕在化した。そのことがカウンセラーに見えていると、この夫婦が離婚した方がよいのかしない方がよいのかは、にわかに結論の出せる問題でないことが分かる。自己治癒力、あえていえば自己実現傾向が背後に控えているからである。当然そこには相当ポジティブな意味が含まれている。それをおさえこむのではなく、どう生かすかが夫婦の課題となる。

伝統的文化は、安定した社会では容易に崩れない。しかし現代は、今まで暗黙のうちに受け入れられてきた資本主義、民主主義、個人主義的な西欧的体制が綻びを見せ、それに代わるものはまだ生まれていない。そして現体制においておしひしがれてきた人たちは、重圧をはねのけて、今まで生かしきれなかった自分の潜在的可能性を生かそうとする。そこに明らかな自己治癒力（この際、ロジャーズにならって自己実現傾向といったほうがよいかもしれない）が働いている。その限り自己治癒力には安定を崩す一面がある。従って見方によっては、自己治癒力が必ずしもポジティブには見えない場合がある。以上は日本に限らぬ、現代社会全体の趨勢であるが、日本がとくにそうした変化を激しくこうむりつつあることは確かである。その動きは個人の力を超えている。しかしいままでのよかれあしかれ安定した状況から必然的に生じてきた個人的な葛藤状態である以上、個人のレベルで何らかの解決を図らなければならない。

子どもが一人前になるまで、夫婦には子どもの親という共同基盤があり、その問題は顕在化しにくい。かつ役割分担が明確であったから自分の存在感をそれなりに確かめることはできていた。しかしそのために双方がしたいことの多くを我慢しつづけてきたのも事実である。それは自分の中のいろんな可能性を生かしてこなかったことでもある。それをどう生かしてゆくか。もちろん退職金とか年金とか貯金額の範囲内のことである。更に最も大きい問題として、これからの免れがたい老化から死にいたるまでの、相当はっきりした見通しを立てねばならない。妻の離婚申し出の背景には、ざっと見てもこれだけの問題がある。これらはすべて、子育ての終わった日本の中年夫婦の日本に特異な一般的状況である。だからカウンセラーには、それらのことを踏まえながら対応することが決定的に重要である。しかしロールプレイではその観点がすっかり抜けていた。だからといって、そういう状況をクライエントに説明し適切な助言を与えることがよいとはいえない。問題はこの夫婦が自分たちの力で解決するものだからである。以上、学生たちのロールプレイにかこつけて、クライエントには思いもよらない広い視点をカウンセラーがもつ必要のあることを述べてきた。ただし、学生たちがやろうとしていたことがすべて無意味というわけでは決してない。

10　あらためて「何もしないことをすること」

以上のような「〝思索〟と体験」から、いま私は、治るのはクライエントだということが、ある程度分かるような気がしている。それは、好むと好まざるとにかかわらず、人間、さらにいえばあらゆる生物にもともと備わっている自己成長力による。河合先生のいわれる自己治癒力をそういうものと考えたい。それはほとんどの場合、潜在的可能態として背景に潜んでいる。そして環境の状況に応じてそのつど多様な特異相として顕在化する。それは、どちらかというと身体的な「いまある状態」であり、必ずしも心理学的な「あるべき」状態と重なるわけではない。その相が当人にとって必ずしも納得できない場合も少なくない。その時、クライエントがどのような流れに沿って動いているのかを、カウンセラーはある程度読みとらねばならない。それはつねに「いま・ここ」の動きであるが、「いま」が「いつ」か、「ここ」が「どこ」かをある程度明確にしないと、その方向性、つまり「いま・ここ」でどうあるべきかを見定めることができなくなる。

しかし自己治癒力そのものは、つねに背景にあって方向をさし示しているのである。好むと好まざるとにかかわらず、クライエントは終始それは動かされている。それをいち早く感じとるのが、カウンセラーの重要な仕事なのである。動きそのものについていえば、それは多層多重多方向的に集合しかつ拡散するあらゆる動きを含んでおり、明確な方向性を持たないかに見える。しかしつねに全体としての纏りを保っている。すべてクライエントの体感であるから、クライエント以外の人間、たとえばカウンセラーであっても感じとることはできない。クライエント自身が、「わが内なるエベレスト」を見つける作業なのである。その限り、カウンセラーは何もすることができない。ひたすらクライエントのその動きの中に自己治癒力を信じるよりない。そのためにはカウンセラーが、クライエントとの関わりにおけるおのれのカウンセラー（本当の自分といってよい）を生きるよりないのである。この感覚はすでに述べたように、多層多重的には錯綜しているが、全体としては纏っていることを述べてきた。それは漠としていながら全体を統べる感覚である。あえていえば、拡散的遠心的な広がりと収斂的求心的な深まりという、対立するものを一つに纏める統合的な動きでもある。ただし、首尾一貫した一本の線のごときものとしてはとらえきれない。私の場合は、それが「意識の場」ということになるのだが、いままでの文脈に重ねると、自己治癒力ないし自己実現傾向ということになる。あえてユング派流にいえば、自己——自我軸ということになろうか。カウンセラーがその動きをクライエントの内に感じとることができれば、ひたすらその動き、そのおのずからの展開を信じて待てばよい、ということになる。

ただしそのためには、カウンセラー自身がクライエントとの関わりの中で、自分自身の内にある遠心的広がりと求心的深まりの動きに気づかなければならない。この場合カウンセラーの関心は、クライエントよりも自分自身に向かう。このクライエントへの動きを遠心的、自分への動きを求心的と考えることもできよう。河合先生の「何もしないことをする」というのは、恐らくこのことを指しているのではないか、というのが現時点での私なりの精一杯の理解である。

以上述べてきたことは、先に、カウンセラーがまずおのれに開かれることでクライエントに開かれる。それによってクライエントがカウンセラーに開かれ、ついで自分自身に開かれる、というプロセスについて述べたことを言い換えたに過ぎない。そのことがほんの少し、かつ曲りなりにも見えてくると、少なくとも私の場合、面接の場で大幅に肩の力が抜けるのを感じるようになった。無責任ないい方をすれば、仕事をするのはクライエントだから私は何もしなくてもよい、という気分になれるからである。もちろん危機介入という重要な仕事があり、いつなんどきでも必要な手段を講ずる用意が必要だから、表面の弛緩の裏に物凄い緊張がある。しかしこれも、フロイトの平等に漂う注意とか自律訓練法の受動的注意集中になぞらえることで、私なりには一応納得している。

このプロセスはしかし、クライエントの気づいていないことにカウンセラーが気づいていくことである。だから私の場合、河合先生と違って、つい気づいたことを言いたくなる。つまり「何もしないことをする」のではなく、言うことで、先に述べたりクライエントのプロセス（と勝手に私が思い込んでいるだけの危険性はつねにある）を促したくなってしまう。つい話したくなって、実際にも話してしまうことが多い。私の方に感じるところがあれば、言っても言わずともあまり変わらないという気もするが、私の場合にはいまのところ言ったほうがよい、と思っている。おそらくクライエントの自己治癒力をさらに促すためには言わぬ方がよい。しかしカウンセラーにはやはりそれぞれの背景がある。分析中、河合先生があまりおっしゃって下さらなかったことはすでに述べた。それがずい分辛かった。いまは、その方がよかったのであろうとも思っている。しかしカウンセラーはそれぞれの器量に応じて働くのが一番かとも思う。もし河合先生にこのことを話したら、「ま、あんたらしいということやな」と苦笑いされるのではないか。

文献

氏原寛　一九七五『カウンセリングの実際』創元社
氏原寛　二〇一二『心とは何か――カウンセリングと他ならぬ自分』創元社
内沼幸雄　一九八三『羞恥の構造』紀伊國屋書店
川嵜克哲　二〇〇五『夢の分析――生成する〈私の根源〉』講談社
坂部恵　一九七六『仮面の解釈学』東京大学出版会
皆籐章　二〇〇四『風景構成法のときと語り』誠信書房
渡辺雄三　一九九五『夢分析による心理療法――ユング心理学による臨床』金剛出版

第6章　山中康裕先生との対談

山中：ここからは今日の本番というか、あらかじめお知らせした計画とは、順序が逆になりましたが、念願の氏原寛先生に来ていただくことが出来ました。対談そのものは、われわれの雑誌の一五号に載せさせて頂きますので、そのこともお含み頂いて、すぐに本番に入ろうと思うのです。氏原先生はわれわれ臨床家にとってはとても有名な方ですし、型どおりのご紹介は無しでもいいと思うんです。しかも話の中で出てくる筈ですので、それらは全部省いて、なるべく先生のお話を伺うことに、主力を注ぎたいと思います……、どうか、よろしくお願いします。

では……先生、……あの、マイクをお持ちください。ありがとうございます。実はね、先生をお呼びする事は、私どもとっても楽しみにしてたんです。

氏原：いやいや。

山中：本当にありがとうございます。

氏原：いやいや、もう、こちらこそ招んでいただいて。……今日は山中先生に適当に引き回して頂けると思って、安心しておるんです。フッフッフ……（笑）

山中：いや、引き回すなんて、そんな事おっしゃらないで下さい。でも、私が伺おうと思っている事は、いろいろございますので。
氏原：あ、そうですか。はい。
山中：いろいろお聞きすると思いますので、よろしく。……先生ねえ、
氏原：うん。
山中：私の存じ上げている、氏原先生像はいろいろあるんですが、一番最初は京大の文学部を出られて、学校の先生にならはった。
氏原：そう、そうです、そうです。
山中：しかも、世界史を教えておられた。
氏原：そうです。
山中：と、伺っているのですが、それは本当ですか？
氏原：それは本当です。
山中：本当なんですね。
氏原：はい。
山中：で、どうして世界史をやっておられたのに、心理臨床の世界にお入りになることになったのでしょうか？
氏原：あー、それはねえ、
山中：はい。
氏原：あの、私は、うーん、その勉強が嫌いで遊んでましたんや。で、就職先が無くて。で、大学を出

まして、高校の教師やっとったんですよ。で、学部は文学部の史学科だったから、歴史の教師をやっておったんです。だから、心理学の授業には出た事いっぺんも無いんです。で、一〇年やってましてね。そしたら校長がある時私を呼びまして、「氏原君、お前、ええ加減もう遊ぶのやめて、ちょっと勉強せいや」と言われましてね。大阪市立の高等学校の社会科の教師やってました。そして、大阪市の教育研究所、今で言えば教育センターです。教育委員会所属の研究所というのがありましてね。現場の教師がだいたい三年間授業を離れて、そちらに通って勉強する。小中高もう全部の先生です。で、小学校の先生だったらば、ご存知と思いますけれど、例えば算数科とか国語科とか研究科ってやつがあるわけですよね。だから、小学校の先生は全教科を教えるんだけれども、やっぱり専門教科というのがあってそういうのの勉強に、先生方が見えているわけです。例えばまあ、算数の先生だったらば数学の勉強をするんですね。よく知りませんけれども、4というのは、1+1+1+1や、1+3や、2+2など、いろんな場合があるらしい。で、そういう基本的な数学の原理というものを勉強するのが、算数を教えるのに、足し算とか引き算とか、それに非常に役に立つんだそうです。だけども三年ぐらい経ちますとねえ、それ以上はもう専門家、つまり数学の専門家を目指す人たちがやればいいようなことになってきて、それ以上はいらん訳ですね。だからまあ、そういうことで研究所に入ったんです。で、まあ、ちょっと長くなってもいいですか？（笑）

山中：全然構いません。

氏原：そして私はまあ、授業をせんでもいいと言うので、それが一番で行ったんですけれども、行きましたら所長がですね、「お前はうちへ来て何をする気や」というので、実は何も考えてなくて、まあ、授業をせんでもいいからとは言えないからね。いろいろ考えて、社会科の教師ですから、「社会科教育と発達心理学とを結び合わせて、ちょっとやろうと思ってます」と。（所長が）「どんな事や？」と言うんで……、あのー、私、ピンチに陥ると強いんです。今日も此処へ恐々《こわごわ》来たんですけれども、こうやってマイクを握るともうやけくそで（笑）やるところがありまして、とっさに思いつきましてですね。例えば、小学生には「何で家では、便所の隣に風呂があるんやろ」とか、小学校低学年には、「散髪屋の隣に風呂屋があるやろ？」というような話をする、と。中学年ぐらいになったら、それを学区ぐらいに広げて、でまあ、中学校になったら、云々てなことを言いますと、所長が感激しましてね……、馬鹿な人なんですよ（笑）、（所長が）「それはなかなか面白い。それは心理だ」と。心理と言いますと、その頃教育研究所には教育相談係というのがあったんです。で、そこでカウンセリングをやっとったんです。その時はちょうど昭和四〇年前後で、ちょっとカウンセリングブームというか、第一次ロジャーズブームがあった頃なんです。で、大阪市教育研究所は教育相談をやっていまして、ロジャーズの考え方でもってやっとったんです。でまあ、みんな学校の先生ですから素人です。素人ですけれどもその頃は専門家っていませんでしてね。大学の心理の先生はいらっしゃったけれども、大学で臨床をやってる心理の先生は一人もいなかった。だから、みんな〝よーいドン〟でやるような調子だったから、そういう、いわば先生あがりの人間が集まってもそんな事が出来とったんですね。で、そこへ放り込まれたんですよ。それが、元です。そこで私はカウンセリングに出会ったわけです。……だから、偶然です。

山中：ありがとうございます。そういう話がお聞きしたかったんです。カウンセリングに、そういう形で出会われたということなんですけど、これも私の乏しい知識では、先生が河合先生と初めて会われるのは、ロールシャッハ研究会かと……。

氏原：いいえ、違います。

山中：あ、違うんですか。
氏原：あれは、何でしたっけね。
山中：どんな形で、河合先生と出会われたのでしょうか？
氏原：いえいえ、（その頃）〝河合〟なんて名前は全然知らなかったですよ。
山中：ああ、それは、誰も知らなかったですね。
氏原：そしてね、あの、皆さん、船岡三郎って知ってますか？　ご存知無いかな？
山中：もちろん私は、知ってますけど（笑）。
氏原：ひところ、やっぱりカウンセリングで鳴らした人なんです。これが、実は私の中学の同級生でしてね。
山中：当時、大阪府立大の教授だった。
氏原：はい。それで、京都女子大に変わって、
山中：はい、そうでしたね。
氏原：で彼は、此処だけの話ですけれど、うん、ふふふ（笑）、ん、まあ、そういうことです（笑）。
山中：なんか、よくわかんないけど、はい（笑）。
氏原：いや、あの大変有名でしてね。で、カウンセリングを勉強するとなれば、まあ、船岡先生へということになってたんですよ。でまあ、言っちゃいますわ、言いかけた事をね。言わないのも変な話だから。つまり、かなり仲がよかったんですがあまりできる奴じゃなかったんです。あいつは（笑）。だから、あの船岡がこんな有名なえらい先生であるはずがない、と思ってたんですよ。ところが、やっぱり偉い先生やし、講演会聞きに行かんといかん、と思ってね、行ったんですよ。で、広い会場でね、後ろ

の方から恐々行ったらあの船岡が喋っとる訳ですよ（笑）。偉いはずの船岡先生があの船岡か、とびっくりしたわけです。もうそれは全然私とはもう月とすっぽんでしたね。それで、うん、関西では船岡君がその頃は牛耳ってましたね。まだ、河合先生はお帰りになってなかったか……まだ、スイスの方にいらしとったかな……。

山中：はい。

氏原：うん……そしてなんかはっきりしないのですが一遍、帰ってこられたんですね。

山中：はい。

氏原：一遍って。まあ、資格取って帰ってこられたらしい。で、船岡君も京大出身なんですよ。で、河合先生も京大だったもんだから友達だったんですね。そうそう、そうだ、京都に今の永松か、当時の教育研究所がそこで教育相談をやっとったんですよ。で、お互い大阪市の教育研究所と京都市の教育研究所っていうのはまあ、公立の教育委員会が経営している研究所ですから、連携があったわけですね。で、教育相談係に入ったもんだから、あの、大阪市の教育研究所の教育相談係。それから京都市の永松の……名前忘れましたが、その研究所の教育相談係と、そこで一緒にというよりも、いやあれはすごかったんです。京都の研究所っていうのは大阪市と違いましてね。もうその頃からアカデミックだったんです。アカデミックな感じが非常に強かった。で、下程勇吉先生というのが顧問でね、そして、あ、そうだそこで河合先生とか船岡三郎とか、それから笠原嘉先生とか鑪幹八郎とか、そこいらが顧問になっておったんですよ。で、所員で村山正治とか西村洲衛男とかまあ、そうそうたる連中がおられたんですよ。で、大阪市の研究所なんてそんなもん全然、名も無いような所ですからね。そんでもう恐る恐る行って、で、「そこの研究会にちょっとよせてくれへんか？」と頼んだら、みんな気のいい人たちでしたから、

「いらっしゃい、いらっしゃい」って言ってくれた。で、一緒に行っとったんだ。で、河合先生が顧問だったんですね。その研究所で出会う事は無かったんだけれども、その船岡が河合先生を誘ってカウンセリングの講習会というか連続の研究会があって、その時の講師が船岡三郎と河合隼雄の二人だったんだ。で、僕は船岡と馴染みがあったから、船岡グループに入っとったんだ。あの時に河合グループに入っとったら良かったんですけどね。河合なんて知らんからね。どこの馬の骨や分からんし、だから、まあ、馴染みのある船岡先生の所におったんですよ。……それが、始まりですわ。

山中：ありがとうございます。

氏原：はっはっは……（笑）

山中：はじめて聞く話で、なかなか楽しいんですけれど、そうなんですね。それで、先生、そこでそういう研究グループに入られて、臨床心理の事も少しずつ勉強していかれた、という事なんですか？

氏原：そうなんです。

山中：で、その後、先生が、大学に一番最初に奉職されたのは、僕の記憶では大阪外大だったと思うんですけれど。

氏原：そうです、そうです。

山中：大阪外大にいらしたのは、何年ごろですか？

氏原：えっとねえ、……大学を出たのが昭和二八年、分かりますか？

山中：分かります。一九五三年。

氏原：そうです、一九五三年。で、すぐ高校の教師になったんですよ。

山中：はい。

氏原：就職に全部落ちましてね。まあ、こっちは悔しいから言うておきますとね。あの、僕は口が上手いんですよ。書くのも割合上手かったねえ。だから筆記試験は割合受かったんですよ。いいところ。で、面接で全部落ちた。上手い事やったつもりでしたが、今みたいに就職指導なんて全然やってくれませんからね。で、「支持する政党」というところに、皆さん分かるかな？「右派社会党」ってやつがあったんです。社会党ってのがありましてね。分裂したんですよ。今の民社党は社会党と自民党なんかが一緒になったようなもんでしょう。ところがそれじゃなくてれっきとした社会党というのがあったんだけれども、それが分裂しましてね。右派と左派に別れたんです。で、やっぱり若いから、将来は組合とか充実させてやらんといかん、と思ってまして、昭和二八年ですからね。だけど、左派社会党はさすがに具合悪いと思いましてね。で、右派……。

山中：右派だと、浅沼稲次郎とか西尾末広とか左派は鈴木茂三郎。……あれは確か……

氏原：なんか詳しく知らんけど、まあ、一緒やね。

山中：どうでもいいんですけど、当時は思想的には厳しかった。

氏原：とにかく面接では右派社会党って言って、それで何とかなる、なんて思ってたのかなあ。それで最初に、今でも覚えてるわ、阪急を受けたんですよ。

山中：ほう。

氏原：で、かなり成績は優秀だって話がありましたんでね。後から聞いたら、筆記試験は良かったそうです。そら、ちょうどうまい事ヤマでもないけど、丁度僕が知ってる他のやつが知らんような問題が出ましてね。で、成績は良かったんだけど、その、紹介してくれた人がオヤジにね、「お前の息子、共産党か？」とか聞かれたんです。

山中：はっはっは！
氏原：で、阪急で、（面接時に）「電鉄は、将来は国営にすべきである」と一席ぶったんですよ。……割合、口はうまいからね。こんなやつに赤旗振られたらかなわん、という事でね、落ちたんですよ。
山中：そうなんですね。われわれにとっては、落ちて良かったけど。
氏原：いやぁ～、がっかりしましたよ。
山中：そりゃあ、がっかりはしますけど……そうなんですか。
氏原：それで、全部落ちました。
山中：ええ、ええ。
氏原：そして、その頃は、でもしか先生。〝でもしか先生〟って分かってますか？
山中：ええ、分かってます。
氏原：教師でもやるか、教師にしかなれないか。要するに、落伍者なんですよ。ま、インテリの就職にあぶれた奴が、行くところが教師。で、一時は教師になるのも非常に難しくて大変だったけど、そんな、私たちの頃は全然もう広い広い門でね。教師はいつでもなれると思ってました。で、その頃はもう、なんか会社を全部落ちて、一月か二月に、しゃーないっていうんで、（採用試験を）受けましてね。そしてまあ、（教師に）なったわけです。
山中：そうなんですか。僕にはそこらへん……全く初めての話なんで、びっくりしているんですけれど。
氏原：うん、だから、中学の同窓会なんかに行きましたら、「お前、今何やっとんねん？」「教師やっとんねん。」「何、教えとる？」「いや、心理学や」「心理学？　お前、確か歴史と違うたか？」と言われましてね。

山中：（笑）はい。

氏原：「どこで勉強したんや？」「独学」（笑）ほんと、独学なんですよ。心理学の授業を聞いたことなど全くありませんから。……それが、今は心理学の教師です。

山中：そうなんですね。それで、先生は大阪外大に何年いらしたんですか？

氏原：一一年です。

山中：一一年。大阪外大では、どんなお仕事をなさってたんですか？

氏原：いや、これがねえ、あのー、なんですよ、留学生別科ってのがありましてね。大阪外大は、世界中からの留学生、つまり日本に来る留学生をいったん大阪外大で受け入れまして、そこで一年間の、いや半年の即席の日本語および日本文化の即席教育をやって、で、各大学に配るというわけです。で、そこなんですよ。そこの、寮務主事ってやつがありましてね。寮監ですわ。要するに。留学生寮ってやつがありまして。留学生が沢山そこへ来るわけですね。大体一回に一二〇か一三〇人来るわけです。で、そいつらの半分くらいが寮に入る。その寮のいわば取締りですね。兼、授業。で、そこで何をやっとったか？　僕は、留学生に日本語を教えとったんです。だから、日本における日本語教育がいかにお粗末であるか。ねえ、今まで高校の世界史の教師をやっておって、そして外大へ行って、外大へ行く条件が寮務主事って名前でした。寮監ですね。で、官舎があってそこに住まんならん。そして、一週間に一遍、学生を集めて飯を食わす。金は大学が出す。（笑）だけどまあ、とにかく、飯を食っていろいろ喋って、日本文化をそのー、自然に己から滲み出るものでもって感化せよ、とまあ、そういう事なんですよ。で、私、ちょっと鬱屈してましたから、大学の教師になりたくてねえ。肩書きは助教授。で、「何でもいいから、そこへ行く」と思って行きまして。大変でした。往生しました。いや、本当に。ふっふっふ。でも、それでもなんとかまあ、一一年おりました。うん。
山中：はあ……で、まあその頃、大阪外大にいらした頃に、もう翻訳を出しておられるでしょ？　確か。
氏原：ああ、僕、書くのは好きなんです。僕は、まあ、これは。
山中：書いてもおられたし……。
氏原：僕は、作家志望だったんですよ……。
山中：はあ……。
氏原：作家になりたかった。
山中：ええ。
氏原：今でもなりたいんですよ。
山中：はい。存じています。
氏原：うん。
山中：サッカーと違いますよね。
氏原：違います、違います。（場内笑い）作家。小説家です。
山中：はい、分かりました。（笑）「芥川賞を取るんだ」と今でも頑張っておられるから。
氏原：いや、そう言っとったんですよ。でもまあ、芥川賞をと思とったんですけど、あれはちょっとねえ、芸術的で上品だから、僕はダメだったから、もう。
山中：直木賞？
氏原：直木賞をと思って調べてみたんですよ。そしたら、直木賞はねえ、あの、芥川賞は一発でいけるんです。

山中：そう。

氏原：だから、あの、皆さんご存じないでしょう？　小谷剛という名古屋のお医者さんが芥川賞を取りましたけど、この人はもう、あれ一発ですかね。

山中：はい。

氏原：あと、三年にいっぺんか、五年にいっぺんかぐらいに何かの雑誌にちょろちょろ出てましたけど、もう、消えましたね。一発いいのがあったら、芥川賞取れるんですよ。ところが直木賞はね、将来、職業作家としてやっていくだけの、その筆力というか、

山中：そう。

氏原：そのスタミナがあるかどうか、という事を評価するんです。

山中：そうなんですよね。

氏原：で、大体が、その柳行李って分かります？　お若い方。柳行李。まあ、トランクみたいなもんですわ。昔のトランク。その、柳行李に三杯ぐらいの、いわゆるボツ原稿が溜まらんとダメだ、と。

山中：ボストンバッグ、だと思ったらいいわけですね。

氏原：そうそう。ボストンバッグ、三つ。それに、ボツになった……つまり、書くでしょう？　で、雑誌社へ持っていったりなんかしたら、「あかん」って言われるわけですよ。これはねえ、あの、村上元三が何かに書いてましたけどねえ。彼は一時期、長谷川伸のゴーストライターをやっとったそうです。そして、ある時に四百枚ぐらいの原稿を書いて（雑誌社に）持っていったらね、（編集者から）自分が書いた長谷川伸の小説を出されてね、「せめてこれくらいだったら、（受け）取らして頂けるんだけど、あんたのは、まだ一歩届かん」と言われて。で、（村上元三は、自分から）ゴーストライターだ、とは言

えへんでしょう、金もろてるからねえ。「くそッ！」と思ったそうですよ。そんなもんなんですわ。なってしまえば、もう、いいらしいけどね、なかなかそれが大変らしい。……で、僕、柳行李にないんですよ、ボツ原稿が。そんなに書いてへんもん、三つ書いたんです、小説を。

山中：はっはっは……。

氏原：ふふふ（笑）……。一〇枚くらいの短編が二つと五〇枚ぐらいの中篇ぐらいがあって、あれ、活字になっとったらね、たぶん売れたと思うんですけどね。無名だからもう諦めて。で、その後ずっとなんか文学賞欲しくて欲しくてたまらなかったですね。だから、山中先生とお知り合いになった時にも、いっぺんその、臨床文学賞というのを作ろうやないか、と冗談で言うたら、ビビりはると思ったらね、「やろう、やろう！」と言われましてね（場内笑い）。はっはっは。で、こっちがビビッてね（笑）。で、その、未だに、あの情けないですね。で、もう、四、五年前まではなりたかったんですけど。去年か一昨年だったか、なんか、なんとか言う探偵小説みたいなテレビ・ドラマを見てましてね。やっぱり上手いわ。はあ。だから、やっぱりこれだけの筆力。ねえ、もう本当に山あり谷ありのサスペンスで、本当にハラハラする。でも、しょうもないもんなんですよ、しかし。しょうもないもんだけど、黄門様より遥かに面白い。うん。だから……、「やっぱり俺にはこれだけの筆力はないな」と思って。もう、この頃はちょっと諦めてますけど。

山中：そうですか。

氏原：はい。

山中：先生、私の質問には、全然答えてくださってないんで……。

氏原：ああ、そうか。（笑）

山中：（笑）何喋られてもいい、って最初に申しましたので、今ので十分にいいのですが……。伺ったのは、大阪外大にいらした一一年の間に、なにか、心理臨床の本か、翻訳かなんかをお出しになった事は、あったんでしょうか？

氏原：外大ではね……二、三冊出しました。

山中：二、三冊。どんな本でした？

氏原：一番最初に私が書いたのは、教育研究所に一〇年おりまして、そこでカウンセリングやってましたでしょ。

山中：はい。

氏原：で、まあ、芥川賞を取りたいけどとても取れそうにないし。で、書いとったんですよ。そこで……三冊くらい出したかな。往生しました。一番最初の本は。まあまあ詳しい事はやめときますけど、また怒られそうだ。

山中：誰も怒りませんので、全部言ってください。

氏原：僕には、被害妄想的なとこがあるんです。

山中：うう、また。（笑）大丈夫です、大丈夫。

氏原：あの、……まあ、いろいろ経緯があったんですけれども。あの出るはずの本が出なくなりましてね。で、研究所の係長の人に「残念だ」って言ったら、（係長が）「探したる」って言わはりましてね。探してくれたのが、ほら、小学生の学習雑誌を出してるなんとか書院という本屋です。で、そこで出してくれました。

山中：ええ。どういうタイトルでしたか？

氏原：『カウンセリングと教育』
山中：『カウンセリングと教育』ですね。
氏原：はい。これは、名著でしてね。
山中：はい。
氏原：あの、出たけれども、ほとんど売れなかったです。
山中：えっ、一体どうなってるの……??
氏原：だけどもそれをね、僕がね、言うの、ちょっと照れくさい。僕がちょっと有名になってからね、培風館というところに、「昔書いた幻の名著があるけど、出さへんか?」って言うたら、「これは、いい」って言って出してくれました。
山中：はい。
氏原：それは、『スクールカウンセリング』かなんか、題、忘れました［『実践から知る学校カウンセリング――教師カウンセラーのために』培風館、二〇〇〇］。僕は、悔しいから……。芥川賞欲しい、直木賞に落としてもそれでも駄目と分かったから、それが悔しかったんで、恨み恨みで恨みが随分あるんですけど。うん、ま、まあ、いいわ。
山中：分かりました。ありがとうございます。……僕の記憶では、その後、先生、大阪市大でしたか?
氏原：はいはい。
山中：外大の後が。
氏原：外大の後は、大阪市大でした。
山中：そうですよね。大阪市大は、何年いらしたんですか。

氏原：八年。
山中：八年。あそこは、もう純粋に臨床心理を教える大学院の教官として、教授として。
氏原：そうです、
山中：赴任されたんですよね。
氏原：そうそう。
山中：先生の前が、山松さんでしたかね？
氏原：そう山松質文先生。
山中：あ、山松先生は、その前だ。氏原先生の直前は、稲浦康稔先生でした。
氏原：そうです。
山中：山松先生、稲浦先生、それから、氏原先生、と。……その、八年ですか。
氏原：八年です。
山中：八年の間に、随分いろんな仕事をなさってたじゃないですか。
氏原：ああ、私はまあ、なんというのかな、私は心秘かに河合隼雄先生が師匠だと思っているんですよ。あの先生が「大学の臨床の教師は、臨床を止めたら絶対駄目だ」と。で、「最低、週一五ケース、ま、それはひょっとしたら無理かも知れんけども、少なくとも一〇ケースはやれ」という事を言われまして。それはずっと守ってきました。そして書きたいでしょう。芥川賞はあかんけどせめて、ねえ。心理のほうでも書いていたら……。で、書いとったんです。
山中：やっと、臨床の話が出てきたんですが。あの、嬉しいと思うんですけど、今の話は、ものすごい大事な部分で、さっきもここへ先生をお連れするタクシーの中で、言ってたんですけども、この頃大学の教授やってる人が沢山、いっぱいいるんですが……、一杯教授が出来たんだけれども、臨床をやってない、というのがものすごく多くて、「ふざけるな！」と僕は思っているもんですから、今の先生のお言葉一言だけでもね、来ていただいた意味があるんです。まだ沢山伺いたいので。先生、これからいろいろ突っこみますから。

氏原：はいはい。

山中：お願いしますね。……私は、とてもね、氏原先生で感心しているというか、尊敬申し上げているという事の一つに、実はですね、氏原先生と河合先生とは、同期生なんです、京大の。要するに、京大の、というよりも、お生まれが先生の方が、一月か二月。

氏原：そうそう。僕は早生まれで、河合先生は前年の六月だったかな。同学年です。

山中：ねえ。同学年でいらっしゃるんですよ。同学年でいらっしゃるのに、河合先生を生涯の教師、自分の恩師だと、と言っておられる、その言葉の使い方ですよ。僕はね、ずっと、なかなかね、同期生をね、自分の生涯の師だというようなことを言える人なんて、あまり聞いたことがないですよ、私。そこらへんから、もうね、氏原先生の真骨頂が出てくるので、ここから面白くなってくる、と。……今までも面白すぎるくらいだけど、ちょっと活字にしていいかどうかというのが有る……。

氏原：ああ、そうか！　それがあったんだ。（笑）

山中：いやいやいや、そんな脅し入れたら、あかんねん。そうそう、それでいいのですよ。とにかく、そこらへんから入ろうと思うんですが。すると、河合先生の名前は、初めは全然知らんかった、と。それも事実だと思うんです。誰も知らんかったから。ところが、河合先生が、ものすごい実力を持った、本物の臨床家であるという事がだんだん分かってきて、先生も一緒に研究会に出られるようになるんでしょ？　それは、いつ頃からですか？　……ロールシャッハ研究会は。
氏原：ロールシャッハ研究会は、また別なんです。
山中：また、別なんですか。
氏原：ロールシャッハ研究会は、大阪市の教育研究所に行ったときに、研究所の先輩がロールシャッハ研究会に入っておりましてね。「カウンセリングには、ロールシャッハは不可欠だ」って言うんで、のこのこついていったんですよ。そしたらそこに、辻悟先生、ご存知ですか？　亡くなられましたが。
山中：はい。存じ上げています。強迫症、統合失調症のロールシャッハでは第一人者。
氏原：辻悟先生を中心とする、関西ロールシャッハ研究会っていう会があって。その講師の主要メンバーが、河合隼雄先生と、それから藤岡なるよし先生、ご存知ですか？　甲南大学の先生をなさってました。
山中：藤岡喜愛（よしなる）先生ですね。
氏原：そうだ。喜愛先生。最後は甲南大学の教授になられたわけですが、この先生が講師でね。やっておられて。そこでも、河合先生とはちょっと接触がありました。
山中：接触はあったんですね。
氏原：ただ、ぐっと親しくなりましたのは、私が教育研究所時代に、やっぱりねえ、鬱屈している奴が沢山おったんです。だから、カウンセリング、教育研究所ではとにかく、その頃は中断ばっかりやってましたけれどもそれでも需要がいっぱいありましたから、いっぱい中断してもどんどんどん、新しい申し込みがあるんです。で、ケースにあぶれるという事はなかったんですね。とにかく、お役に立たなければ、話にならんのですよ。だからもう、何としてでもそこそこ納得できる力を身に付けなきゃいけないという、差し迫った状況がありましたんで、いろいろやっとったんです。で、大阪カウンセリング研究会っていうやつを作りましてね。で、そこでいろいろ講習会をやったり、講師の先生を招いたりしてたんですよ。で、河合先生はその時にいわゆる連続講義。一〇回ぐらいの連続講義にお招きして、やっていただいた事があります。それが、『カウンセリングの実際問題』（誠信書房／岩波現代文庫）という本があるでしょう。あれは、大阪カウンセリング研究会の連続講座の講義を、そのまま本にしたやつです。で、あの頃としては画期的な名著です。

山中：あれは、本当に、大名著ですね。

氏原：大名著です。それから、……東京都立大学、今はあの、変な名前になったでしょう。

山中：首都大学東京。

氏原：なんか、分からん。あそこに、何とか言う人おるでしょう、

山中：今ですか？

氏原：今です、そこの先生。

山中：今あそこで教官をやってるのは、例えば、岡昌之さんとか、村松健司君とか。

氏原：岡さんそうそうなんや、忘れてしまった。ま、とにかく、あのー、その連続講義で来て頂いた時には、もう本当にお願いにあがったりご案内したり、それからまあ、あの、講義の後でちょっと、一杯ご馳走すると称して一緒に行って話して貰ったりとか、だからそれで親しくなりました。

山中：そうなんですね。

氏原：そういうこと。

山中：なるほど。……先生ねえ、大阪市大では、翻訳もいろいろ出されたじゃないですか。

氏原：はいはい。

山中：僕はね、先生の訳された本全部読んでいるとは、ちょっと言えないんじゃないかと思うけど、少なくとも二〇冊近くはあると思うんですよ。

氏原：翻訳ですか？

山中：はい。

氏原：ありますね。

山中：もっと超えてますか？

氏原：超えてますね。

山中：超えますか。……ちょっとじゃないですよ、相当超えてる訳だけど。僕ねえ、何冊か先生のお訳しになった本でね、すごく感銘を受けたりね、非常に学んだ本が沢山あるんですけど。先生、今までお訳しになった本の中で、この本とこの本は良かった、というのがあったら、二、三冊あげて戴けたら、と思うのです。

氏原：はぁ……まあ、本も大きいし格好もいいから、まあ、私にとって思い入れがあるのは、『ユング——そのイメージと言葉』（誠信書房）というやつですね。アニエラ・ヤッフェという、晩年ユングの書記を……書記やない、なんて言うんや、秘書。秘書をやっとった女性が書かれた、ユングの手紙やら写真やらいっぱい使った大きな本があります。

山中：ドイツ語版は *Bild und Wort*。英語版なら *Image and Word* ですね。

氏原：はい。あれが、一番。

山中：あれは、確かに良かったです。

氏原：思い入れがありますね。
山中：『赤の書』が出てね、あそこに出された本、絵のほとんどがね、『赤の書』からとってあったという事が分かってきたんですけれども、まずあれは、私も挙げたいと思っていたんですよ。他に、先生としては……どんな……？
氏原：翻訳か……。
山中：はい。翻訳の方から入りますと……先生が手がけられて「これは良かったな」と。
氏原：いやあ、まあ、それがなかなか難しいんですけどね。
山中：ええ。
氏原：私が、「これが良い」と思った本が「これはあかん」と思った本よりも売れない、という事がありましてね。
山中：いや、それはね、世間の人はね、買うというのと評価とは全然別なんですよ。それはもうね、歌手見てても何見てても同じですわ。
氏原：そうですね。
山中：もう、へったくそな歌手が売れてるんですよ。いや、そんな事は、どうでもいい。先生。
氏原：あのー、それでちょっと思い出したけれど、『分析的人間関係』（創元社）ってやつがありますね。
山中：はい。
氏原：マリオ……。
山中：マリオ・ヤコービでしょう？
氏原：そうそう。

山中：あれは、いい。
氏原：あれはなかなかいい本じゃないか、と思いました。
山中：いやあ、僕もあの本は、絶対挙げようと思ってましたけれども、いい本でしたね。
氏原：はい。
山中：あれは特に、逆転移を取り上げていて。
氏原：そうそう。
山中：逆転移の治療をね、どういう実践の場で使うか、と。
氏原：そうです。
山中：その辺りを、一番教えてくれた本だと思うんですよね。
氏原：そうですね。あれは。それからもう一つは、『精神分析学研究』にね、小此木啓吾先生が、ユング派の本であるにもかかわらず書評で取り上げてくれはりました。
山中：はい。
氏原：だから、それも嬉しかったですね。
山中：はいはい。なるほど。あの、マリオ・ヤコービは、あの、音楽家ですよね。
氏原：そうです。
山中：バイオリン。
氏原：バイオリニストです。
山中：はい。だけどあれは、本当、私もとても感心した本でした。
氏原：河合先生から「お前、音楽の事何にも知らんとあいつの本、訳せるか?」とか言われて、はっはっは。

山中：河合先生は、フルートのね。後では名手になって。でも初めはとてもお上手とは言えませんでしたけどね。……うん、そうなんだ。

氏原：しかし、なんとか。まあ、僕は器用ですからね。うん、器用なだけやな……。

山中：他に、もう一冊ぐらい、挙がりませんか？　まだ、沢山あると思うんだけど。先生、ユングのものとか。

氏原：それは、やっぱりねえ……。

山中：ユングの著、そのものがあったでしょう？

氏原：ユングの著そのものは、無いんだ。……ああ、ありました。

山中：ユングの『子どもの夢』でしょうか。

氏原：うん。ユングのあれは苦労した。あれは、共訳っていうか編訳でしたけどね。

山中：そうでした。

氏原：あれは、苦労しました。自分の所はともかく、うん。僕もドイツ語は下手ですけどね、もっと下手な奴がいましてね、訳者の中に。往生しました。

山中：はあ……、困りますね。共訳のときには。

氏原：ふふふ……。

山中：分かります、はい。……まあ、今はね、訳書の方に振っちゃいましたけど、実は、訳書じゃなくて先生ご自身の御著書が沢山あるわけですよ。『カウンセリングはなぜ効くのか』（創元社）なんてね。

氏原：『～効くのか』。……うーん、あれはちょっと鬼面人を驚かすようなやつで。

山中：ふっふっふ。

氏原：やっぱりあの、そうですね……、『カウンセラーは何をするのか』（創元社）あたりから、まあまあある程度納得できるかな、と思ったりしてます。

山中：はい。

氏原：それから、さっき言った処女出版の『カウンセリングと教育』ってのは、やっぱり、あのなかなかあの時としては上手く書けたと思いますねえ。で、後で培風館が出してくれたのは、あれが出てから二〇年ぐらい経っとったんじゃないかなあ。

山中：そうなんだ。

氏原：うん。それでもある程度は出ましたから。割合、時代時代をこう、ちょっと……いや、僕はね、その内容はなんてのかなあ。僕はその時教育研究所なんですよ。で、教育研究所なんだけれども、皆さんご存知かもしれません。今日、ここにいらっしゃる先生方の中にもいらっしゃるから。あの、身分は教員身分なんですよ。で、三年おったら現場に帰る、ということが条件でした。ただ、教育相談っていうのはやっぱりカウンセリングをやりますから、カウンセリングは三年ではものにならん、と。三年やったらちょっとものになったかならないか、で現場に戻す。せっかくその、授業を、つまり現場から外してその分まあ現場は教師を補充しとる訳で、その分教育委員会は金をいわばつぎ込んでる訳だから、教育相談に関しては五年という事になっとったんです。で、僕は一〇年おったんですよ。で、まあ、これで、もうこのまま行こうと思ってました。……大学の話なんかあれば、行きたいと思ってましたけど。まあまあ、もうこれでも仕方がないと思ってました。で、まあ、あの……言おうとした事、忘れてしまいました。このごろちょっとそれがよくある……思い出したら言いますわ。

山中：はい。
氏原：はい。
山中：全然構わないですよ。好きなように仰って下さったらいいので。
氏原：質問、なんでしたっけ？
山中：いや、質問は、先生の御著書でね、「自分はこれを書いた」「これを、自分としては一所懸命書いたけど、売れへんかった」とか……。
氏原：ああ、あれは、いい本だったと思います。最初の本は。
山中：はい。
氏原：どういう本かって言うとね、あの……カウンセリングを勉強することが、教師としての幅を広げる、教師としての考え方を深める、それに役立つんだったらいい。だけど、教師がカウンセラーになろうとしたらこれはマイナスの方が大きいんじゃないか。教師は専門職である。子どもを育てるという意味で。で、カウンセリングと教育は、違う。で、今まで、援助職、つまり他人の助けになることは何でもかんでもカウンセリング。その際たるものは、カウンセリング・マインドです。これが、私は日本のカウンセラーの専門性が、もう大幅に遅れた大きな理由だと思いますけれども。まあ、そういう事を書いたんですよ。僕は教師であって、そして、出来たらカウンセラーになりたいと思いました。だけどその頃、教育研究所のカウンセラーが、カウンセリングでもって立つということはまず考えにくかった。大学へ出れば、……うん、……まあ、これも大きな声では言えませんけど。
山中：いいのです。ここでは。
氏原：大学の教師というのは、本当に優雅な暮らしですね。あのーほんと、社会的評価は高いです、やっぱり。相場は落ちた落ちたと言うけれども。それから、金持ちじゃないけれども決して貧乏じゃない。そして、なんぼサボっても分からん。うん。

山中：はっはっは……。

氏原：ほんとに。特に、臨床心理学って場合には、カウンセリングなんて訳の分からん事をやってますからね。素人だか玄人だか分からんのですよ。だからへまするると、素人と一緒になったカウンセリング・マインドというのは、まるで素人とか玄人とか分からないようなことになってしまっている。その事が、今の日本の臨床心理学の発展というか展開をものすごく阻んでいると思いますね。だから、これは、山中先生も多分、同意見だと思うので申し上げるんだけども、私は今の臨床心理士の資格を取った人たちが、ですね、プロの臨床心理士としての力を持っているとはとても思えないねえ。今、「一万何千人かなんか出来た」と言われてるけど。

山中：二万三千人です。

氏原：二万三千人か。数ばっかり言って喜んでる人もいてはりますが、あれはおかしいです。臨床心理士は、「高度専門技術者養成」と言われてるけど、僕はよく言うんですよ。ねえ。高度専門技術者って言うのは、臨床経験が四、五年で、まあまあ、資格とって四、五年になって、三〇歳近くになって、で、そしてねえ、給料がね、手取りで二〇万切っとる、と。これが、高度専門技術者か、と。それは医者の事考えたら、すぐわかる。それから医者の事考えなくても、例えば、あの明治の、あの京都のインクラインねえ。インクラインを設計したのは二八歳かなんかの京大の工学部を出たばっかりの学生だったそうです、あれ作ったの。

山中：そうです。その通りです。田邉朔郎さん。

氏原：それが、未だに使っとるんですよ。そういう、がっちりした。あれ、だから、明治か大正か忘れましたけれど、とにかく、何十年ともつようなやつをですね、三〇前の工学士が作ってるんですよ。プロですよ、これが。だから、プロっていうのはそういうものなんだ。それがあの、今の臨床心理士は大量生産ですよ。おかしいねえ。

山中：数じゃないですよね。本当は、質ですよ。

氏原：質です、質です。

山中：先生、どうやったらね、臨床心理士の質を上げることが出来るという風に思っておられますか？

氏原：いやあ、これは、ちょっとね。これ、後でまた、あの、活字にする時に直さして頂くということで。

山中：そんな事は、自由です。はい、どうぞ。

氏原：うーん、もっと勉強しなきゃ駄目だと思うわ。

山中：どういう勉強をするんですか？

氏原：いや……これが難しい。あのねえいや、これは言われません。先生はお医者さんだから、医学教育のことを良くご存知だと思うけれども、やっぱり、その、医学教育受けようと思ったら、相当頑張らなあかんでしょう？　そして、これは、あの、京大にいらした三好暁光先生から伺ったんだけども、「氏原さん、僕らはもう職人で、医学部っていうのはもう大変なんだよ。毎日毎日勉強で、それから実習があって、これを一日サボったら、もう、なんか翌日行ったら訳分からんっていうようなのがあってもう、むちゃくちゃ頑張っとるんだ」と。で、心理士で、医学部の学部教育ですよ、医学部は六年だけども、その医学部生がいやおうなしに頑張らされてる、そこまでの努力をしたやつ、心理士におるか？

なんて言われると。僕は、傍系ですからね。僕は独学やったから。そら苦労はしました。苦労はしましたけれども、まあ、そうだねえ、ついでに言ってしまえば、僕は、素人出身なんです。ね？　素人出身の僕がね、例えば、今日こういうところに呼んで頂いて、ちょっとえらそうな顔して喋っとるでしょうが。おかしいですよ。ねえ、もっとねえ、学部から臨床心理学なら心理学勉強してそれから大学院も出て、そして、やってる訳でしょう？　そういう人が沢山おるわけだ。そういう人が沢山おるのにねえ……。僕がこの程度にちょっとまあ大きな顔をしとる訳ですよ。嬉しいですけど。だけど、あの、そういう素人上がりの僕がね、そんな大きな顔をしとるっていうんだったらば、学部から大学院とそのオーソドックスな専門教育を受けた奴は何をしとるんか、っていう事を言いたいですねえ。だからその、河合先生が帰ってこられてから、大学院教育っていうものがやっとなんとか端緒についた、という事ですよ。山中先生は、河合先生の後継がれて京大で苦労なさっている。でまあ、私の外側の人間からの印象では、日本で大学院のカリキュラムがまあ、曲がりなりにも出来上がりかけているのが京大でしょう？　それが、トップクラスじゃないかな？　で、他の大学は……、いや、私は実はあの、この三月に辞めましたけれども、帝塚山学院の大学院担当の教師をやってましたけれども。そりゃあ、京大に比べたら話にならんですよ。やっぱり。うん、それでも、出てね、うん、頑張ってますよ、努力もして。だけど、やっぱりまだまだ不十分だけど。それが比較的簡単に心理士の資格を取る、と。だからあの、これ難しい。微妙な問題がいっぱいありますから。まあその事はお含み置きいただきたいけれども。

山中：いや先生、その微妙な問題の所を聞くために、先生をお呼びしたのでありまして、「その所だけは、皆さんお含み置きください」なんて……言われたら困るんです。

氏原：だからねえ、私が個人的に思っているのはねえ。

山中：はい。

氏原：やっぱりねえ、上級カウンセラーと中級カウンセラーというか、なにかそういう区別をつけなきゃあいかんのではないか、と思う。でないとねえ。つまり、だいたい評価というのはその職種の一番無能なやつを基準にして評価されるんですよ。だからねえ、かなり若くて優秀な人もおるんです。臨床心理士で。力もある。だけどもねあかん奴が多いんですよ。で、あかんやつが多いと世間の評価はそれに準ずるんですよ。だから、今の臨床心理士の待遇、むちゃくちゃ悪いですよ。私の大学出た奴で、真面目に頑張って勉強して力もそこそこあっても、やっぱりそういう社会的評価に基づいての待遇しか与えられないから。ねえ。三〇歳で平均的に言ってですよ、調べた事もあります。三〇歳で臨床心理士の資格がありマスターも卒業しており、臨床経験五年で、さあ、月二〇万出るか出ないか。で、私の大学を出て卒業してまだ資格を取る前、つまり大学院を出てその年の秋に試験を受けて、まあ一二月頃に合格が分かるわけ。だから院を卒業した時点では心理士資格は無いんですけれども、院を卒業したばっかりの奴で、今年か去年だったかな、初任給いくらやったと思いますか？ それはその年の卒業生では最低でしたけれど、一四万ですよ。院を出てですよ。大学院を。学部ももちろん出てるんです。で、小学校の公立の先生の初任給、これはまあ、教員免許証は持ってますけれどもね、一四万なんてことはありません、二〇万くらいあるでしょう。だから決して高給とはいえない小学校の先生よりも、大学院出てますから二年間沢山勉強してる訳でしょう。年もいっている。資格も心理士の資格を持っている。そりゃあまあ、取る前だ。取る前だけれどもいずれ取れる。つまり、臨床心理士の合格率は六割ないし七割ですからね。だからまあ三分の二くらいは、受けたら取れるんですよ。だから、どの大学を出たやつも大体それくらいの、もうちょっと上かな、七、八割くらいになりますか、取ってますよねえ。で、それが、取って一五、六万じゃないですか。それで平均くらいですね。その上常勤がなかなか無い。あっちで二日こっちで三日とか一日とか。だからいわゆるスクールカウンセラーが一つ入ると、これはもうだいぶ潤います。今はなんか、ワーキングシェアとかなんとか言ってですねえ、一日六時間しか働かしてくれないし、以前は週八時間、いや、一日八時間の週二回ぐらい行けました。で、簡単に計算すると、一日行ったら、(時給を)いや五千円として四万円になる。二日行ったら八万円。だから、一か月行ったら四週間で、四×八＝三二万円。週二日でね。これなんかはもうほんとに空前絶後でしたねえ。だから、あの制度が出来て、スクールカウンセラーのこれがこれからの基準になって臨床心理士に対する待遇が良くなると思って期待してましたけど。しかしあれは、あれだけですね。

スクールカウンセラー、それがだんだんこの頃ちょっと、評判が落ちてる所がある。すごく優秀なのがいます。だから大阪の場合でしたらば二年任期でね、ずっといけるんですけれども、一つの学校には二年という事になってますね。で、二年たつと次の学校に変わらなきゃならん。つまりその学校にしたら辞めなきゃならない。その時にPTAがその資金でもって「残って欲しい」と。そういうカウンセラーも沢山います。しかし、公然の秘密みたいなもんですけど、「うちはスクールカウンセラーなんて要りません」という校長が、もう何年か前から大阪では出てます。それはもう、話聞いてもひどいカウンセラーがいるんです。もしそれが本当なら、そりゃ、しょうがない。例えば、二六、七歳で、「今日の金曜日の何時から、カウンセリングの講習会をやりますから先生方を集めてください」と校長、教頭に申し出る、そんなスクールカウンセラーがおったりしてね。で、校長とか教頭というのは古だぬきが多いから、「やっぱり、心理の方に来ていただいたら見方が違うし、随分助かります」なんて言って、内心「あほか」と思うてるんですけどね。ところが、その若いカウンセラーはそれを真に受けるんですねえ。で、早速「講習会をやりますから、先生方を集めて」とか、何とか言うてね。困ったもんです。校長なんかにも知り合いがおりますから、そんなことが耳に入る事があります。だから、本当にその辺どうしたらよいか僕には分かりませんけど。で、思っているのはね。さっき言った、やっぱり上級カウンセラー、それから中級カウンセラーか。あの、看護師さんなんかでもこの頃専門看護師というか、特化した、例えば外科なら外科専門とかなんかで普通の看護師さんよりはちょっと格の高いそういうやつとかね。なんかそういうちょっと上級のカウンセラーとそれから普通のカウンセラー、例えば精神分析学会なんかでは、スーパーバイザー資格というのとそれから普通の分析家資格というのを出している訳ですよ。ただし、……ま、よその事ですからあまり詳しくは言えませんけど。

山中：はい。ありがとうございます。……まあ、話がですね、そっちの方に行きまして、もちろん先生のね、その……お考えの中核の部分は、臨床家、本物の臨床家が非常に少ない、と。

山中：数だけ増えたけれども、本物は少ない、と。

氏原：そうそう。

氏原：そうです。

山中：本物を、やっぱりちゃんとね、処遇しなければいけないし、ねえ、そして処遇だけではなくて、本物を養成せねばならん、という根本的なところは、僕も全く同じ考えなんですが、でも、少しずつ、微妙に違うんだけど、せっかくその問題に移ったので、忘れてしまうといけないので、最近、国家資格の事で、学会とね、臨床心理士会と、心理学連合とかなんとかいうのの、三者連合が出したとかいう、要望書というのを、お読みになりましたか？

氏原：ああ実は、読んでないんですよ。

山中：読んでないんですか。もうね、僕は読んだ途端にね、三者に対して反対声明を、僕は個人的に、学会とかなんとかじゃなくて、もう、全然私の考えているイメージとは違うので、臨士会会長の村瀬嘉代子さんと、それから、学会会長の鶴光代さんと、心理学連合の会長の子安増生君の三人にね、「私はこれには反対です」と反対声明を送った。こんな国家資格が出来たら、まったくふざけてる。私の論旨は何かというと、まあ、結局われわれが二五年前に心理臨床学会を作った時に、一番恐れていた「学卒で、国家資格を取ったら全部汎用性を持つ」という言い方で、みんな、何を言っているのかさっぱり読んでいる人にも分かっていないんだけど、私に言わせると、臨床心理学だけじゃなくて、発達心理学だろうが、教育心理学だろうが、あるいは実験心理学で、動物のマウスを百匹殺した、という人たちも全部、そういう人たちも臨床が出来るようになるんですよ。翌日から。

氏原：はいはい……。

山中：これは、おかしいんじゃないですか？　私の反対の根本理由は、私は、ユーザーの側から、ユーザーという言い方をするんです。患者という言葉を使うのは、医学領域だけ。クライエントは本来は弁護士用語で、実は、対象者は医学・医療だけじゃない訳で、教育領域とか、福祉領域とか、領域はもう二〇ほどありますのでね。ユーザーという言葉を使ったら一律に使える。要するに、カウンセリングを受ける側の人、から言ったら、とにかく、何の心理士か分からんけど、国家資格取ったとたんに翌日から臨床心理が出来る訳ですよ。「汎用性」を持つんだから。そんなふざけた人たちにみて欲しくないですわ。ユーザーの側から言うと。だから、こんなのは僕、絶対反対なんです。で、今、先生、上級のと言われたけれど、その上級の前に、一番基礎になるそのもののね国家資格が大問題なんですよ。それについては、何かお考えがありませんか？

氏原：そうですね。ちょっとその辺はあんまり考えてないので。

山中：上級を云々、というのは、僕は、そのあんまりね、資格を分けてなんとか、っていうのは、あまり賛成ではないんですが、ただ、本物とね、偽者は、誰も見分けられへんので、普通の人には。だから、これは本物やという、お墨付きを付けられるものがもし出来たら、そういう事をやってみたいというのは、僕は反対ではないんですけれど。僕はあんまりね、等級をつけたり、何とかかんとかっていうのは、あんまり好きじゃない。ただ、建築士はね、一級建築士と二級建築士とがある、例えば。ああいう、たぶん建築士に限りませんけど、そういう類のね、ま、序列はあってもいいかもしれない、と思うんですが。

氏原：ただねえ、やぶれかぶれ的に言いましたらねえ、私の感じなんですが。個人的な。ちょっと理想論的になりますけれどもねえ。悔しかったら開業すりゃいい、と思うんだ。

山中：いや、国家資格になったら、今の資格では、その開業も出来なくなるんですよ。

氏原：うん、だからその事は置いといてね。

山中：はい、でも、置いとけないんですよ。今度の国家資格通ったら。

氏原：だから、今までにおいてね。

山中：はい。

氏原：あの、開業してね、クライエントの払ってくださる面接料か、それでもって食えるだけのね、つまりクライエントを繋ぎとめる力があるかどうかなんですよ。で私は、今のユーザーという点から言えばね、ユーザーはね、やっぱり自分が払った金と手間と時間、これに見合うだけのお返しがあったら来ますよ。個人的経験から言ってもそこそこの力さえ身につければ来ると思う。ま、食い方はいろいろあると思うけれど、食えると思う。で、もしもそれだけの自信があればね、別に就職とか考えなくなったってね、開業すればいい。

今のね、「開業出来なくなる」その事は非常に大事でして、一時、河合隼雄先生が頑張っておられた頃に、例えば「カウンセリングは医行為かどうか」とか、「テストは医行為かどうか」という事がありました。で、その時に医師会の方は、「カウンセリングもなにかも全部医行為だ」と。で、医行為ってのは医療行為、医者の行為、医者のするべきことで、医者以外のものがやったらいかんのですよ。二つの条件がありましてね、国家資格には。資格を持っていない者がその資格があるという事を言っちゃいけない「名称独占」。医師なら医師、心理士なら心理士というこれが国家資格になったら、その名称は国家資格を持ったもの以外は使ってはならない、という。それから、「業務独占」という事がある。業務独占というのは、資格を持ったものでないとその業務をやってはいけない。つまり、資格を持った者だけが独占的にそのことをやる、と。そこで、まあ名称独占はいいとして業務独占の問題がある。だからその、カウンセリングが医行為という事になりましたら、医者以外のものがカウンセリングを独立してやる事は出来ない。ただし、看護師さんてやつがある。これもまたいろんな細かい規定があるらしいんですが、医療補助職というやつがありましてね。その医療補助職というのは医師でなくても医行為が出来る。ただし、医師の指導……だったかな、指導じゃない、

山中：指示。

氏原：そう、医師の指示の下でならば医行為を行う事が出来る。で、指示いうたら僕ら日常用語で「あれやれ、これやれ」の事だと思うけど、そうじゃないんですよ。ものすごくきつい、なんていうか指導・監督です。だから、例えば看護師さんは開業できないんですよ。医師の下で、医師の指示の下で初

めて医行為が出来るわけなんです。だからひとりでは開業できないんです。先程、山中先生がおっしゃった、もしもカウンセリングが医行為という事になってしまったら、医師の指示が無かったら心理士が独立してやることが出来ない。だから、もちろん開業も出来ない。だからそこのところ、カウンセリングが医行為か医行為じゃない別のサービスなのか、ということで医師会ともめてるんです。とくに法律関係とか教育関係とかいろんなところでカウンセリングってありますでしょうが。で、医療という領域の中でのカウンセリングが医行為という事になるんだったらまだしもですが、医療以外の場面でいくらでもカウンセリングが役に立つ領域があるわけです。だからそれを全部医行為とするのはおかしい、ってなことで揉めとったんですよ。心理臨床学会と医師会あるいは厚生労働省、当時の厚生省と文部省が議論してなかなか結論が出なかったのはその点なんです。で、今もその点がずっと残ってる訳です。だからそれがまあ、非常に大きな問題なんだけれども、まあそれは置いといて、ある程度の力を身につければ日本でも、なんとかカウンセリングをやって……。今、医行為とかそんなんは別ですよ、それは抜きにしてカウンセリングで、クライエントから支払ってもらう料金でもって食えるような状況は出来かけてるんじゃないか。……という、そういう印象が僕にはあります。

山中：いや、あのね、先生の言われる、そこの部分は間違ってはいないんですが、もし国家資格化という、今三者連が言っている、その国家資格が出来たら、全部先生が言っておられる事が、もう何も出来なくなりますよ。

氏原：ああ、そうですか。

山中：開業も出来ないし……そういう根本的な認識がみんなに全くないんです。それで、学会の連中や、臨士会の上層部の連中は、とにかく国家資格にするんだ、と言ってる。で、実際、国家資格化する必要は、私もあると思っています。それは、だって、一番可哀想なのは病院に勤めている臨床心理士ですよ。これは、六日間フルに働いて、五年勤めても、一〇年勤めても、一五年勤めても、係長にもなれんのですよ。さっき先生が言われた、大学の教官だけは恵まれてると言われた、僕はそれも知ってますが、その大学の教官をやっているのが、本当の臨床をやっていない、というので怒った訳ですが。ま、その話は括弧に閉じて、戻りますけれど、今の、三者懇が言っている国家資格化がもし本当に認められてしまったら、もう、ユーザーの側から見ても、われわれ現実の、現場におる人間からみても、許せんのですよ。それが、学会の中枢部や、臨士会の中枢部が、それが一番最上のあり方なんだって思い間違えているんですよ。そこが大問題なので、これは、実はなおざりにする訳に行かないんです。だけど、先生に怒ってもしょうがないので、ここは。はい。あの、「読んでない」とおっしゃったので、是非読んでください。それで、反対声明をして欲しいんですが、そのことは、もう閉じます。そういう話の場ではないので。ところで先生、せっかく先生に来ていただいたので、伺いたい話がいっぱいあるんです。

氏原：はい。

山中：ちょっと、話題を変えましてね、先生のお仕事の中で、私がとっても評価をしている、というか、とても大きないい仕事、と私が勝手に思っているものの一つに、さっき培風館という名前が出てきましたが、『心理臨床大事典』の編纂がある。あれは、先生が、まさに一番の声掛けをなさって、それをやろうと言ってくれたのは、例の培風館の後藤さんですけれどもね。あのお仕事は、僕はほんとにね、この学問の底上げっていうか、一番の底辺の部分から徹底的にこれだけの、最低限の、「心理臨床学」という学問、「心理臨床」という実践の場で必要とされる、知識の最低限がこれなんだ、という事を示した辞書だった、事典だったと僕は評価している。今度学会がね、それの向こうを張って、学会編集で事典を作りましたが、あれは全くふざけてると思っています。あの事典はナンセンスです。われわれの事典の編纂に参加できなかった連中が、自分が編纂者になりたいからね、編纂者になって作っただけの事典でありましてね、内容はもう全くずさんもいい加減。もちろん、われわれがね、ここであえて「われわれが」という言葉を使わせていただきます。氏原先生が、本当は氏原先生お一人がなさった仕事なのですが、私とか村瀬孝雄さんとか、東山紘久君とか、小川捷之さんとか、何人かを編纂者に入れて下さったんですけれど、私どもは、お手伝いするつもりで加わっただけですけど、それはなぜかって言ったら、さっき氏原先生が仰った、心理臨床の基本的な部分で、最低限必要とされる知識と実践のね、一覧と内実ってのはこんなもんや、という、一つのスタンダードを示すということで、僕は賛同したわけで。それに関して、ちょっと先生のお話を聞きたいのです、苦労話を。あの事典でね、出来てみたら、結果的にはたいしたことがなかったという事があるかもしれませんが、先生ご自身の思いとご苦労とをですね。そこらへんで、実はあそこには書いていないけれども、というようなお話があったら伺えたらと思うのですが。

氏原：いや、そんな、無いんですけどね。事典のお終いにも書いたんですけどね。あれは、私が大阪市立大学を辞める時に、培風館の方から退官記念にハンドブックを作りたい、ってな、そういう話があったんです。で、ハンドブックならば簡単に出来ると思っとったんですよ。ところが、なんか話してるうちに、話が膨らんできましてね。で、とてもじゃないけれど、僕一人の力では出来ないと思ったんで。僕はそんな時、いつも河合先生に相談に行くんです。で、「とてもやないが、一人では出来そうにないから、やっぱり例えば山中先生とか東山先生とかに、助けてもらいたい」と。で、まあ、人選みたいなのは、「それはよかろう」と。しかし「やっぱり関西だけでやるのは具合が悪いから、当然東京だとかなんかその辺のバランスも」と。あの先生は非常にバランス感覚の良い方ですから。だから、そういう点で山中先生とか、なんとかお知恵も借りて。で、そこで推薦された小川捷之先生とか村瀬孝雄先生とかをお誘いしまして、そして編者が決まったわけです。で、編者が決まったら後はもう僕は何もしてません。後はあとがき書いただけです（笑）。それで、出来たんですよ。それであれはなかなか良かったと思います。で、培風館も大変喜んでまして。それから資格試験の受験生たちもです。そういう事もあってあとがきにも、心理士試験にはなかなか役に立つ、なんて事も書いたりしました、しかしやっぱり、さっき山中先生がおっしゃったかおっしゃってなかったのか、僕が思ってるだけかもしれませんけど、俺を編者に入れなかったのは何でや、とかいうような事はありましたね。ありましたけど、あんまり僕はそういう事は気にしない。というか河合先生に一度相談してますから、僕はもう変な所がありまして、問題が起こったら河合さんに出てもらったら済むやろ、って（笑）気楽なもんでした。で、実際は、山中先生やらなんやらは論客ですからね。だからいざという時には、こういう人がおったらみんな怖がって言わんやろうってな気があって、はっはっはっは……。

山中：なんか、話題を振った私の方に戻ってきて、びっくりするんですけれど（笑）、ちょっと今の氏原先生のお話で、補足しますとですね、ハンドブックという話は、私も聞きました。反対したのは私です。もう、ハンドブックなんていうものは、五年も使ったらいいのや、と。五年使ったらすぐ次の知識が出てくるし、もうハンドブックという名前自体が、なんか僕は気に入らんのですよ。「手に持って」なんてねえ。まあ、冗談は止めましてね、ハンドブックなんて、五年以上机上に置く人なんていませんよ、と。私、そんな本だったら書きません、と申し上げた。氏原先生ご自身にそんな失礼な事を申し上げなくて、培風館の……。

氏原：後藤さんですか？

山中：はい。後藤さんに。そんなモノやったら、私書きません、加わりません、と。私は、作るんなら二〇年三〇年と残っていくものを作るべきで、そういうものをやるんだったら私は参加する、と偉そうに言ったんです。だけど、それが正解でした。

氏原：そうです、そうです。議論はね、例えば東京の村瀬さんにしたって小川さんにしたって言う人ですからね。その辺はなかなか議論はありました。で、私は黙って聞いとったんです。なんかうまいこと納まったんですよ。今の首相の野田さん［二〇一一年当時］みたいなもんです。

山中：まあ、具体的な名前が出すぎると、また、いろいろ反対賛成が出てくるのでそこはちょっと括弧に閉じまして。

氏原：ふっふっふ……。

山中：その話は分かりました。そういう事だったんですね。で、一応第二版まで出したんだけど、あれも、もう古いんですよ。

氏原：ああ、そうですね。

山中：もう、今の知識から言うとね。例えば発達障害の概念の問題にしてもね、実際の今の例えば不登校の問題にしても、もうね、一九八九年あたりから現在まで、また大幅に変わってきてるんですよ、内容が。実践の場の内容もね。だから、あれは改訂を出さなあかんのですが、先生、もう一頑張りして……。

氏原：いや、僕はもうだめです。それはもう、先生が出してください。

山中：はっはっ、先生、何を仰るんですか。

氏原：一回り違うんです、歳が。ああ。丁度一回り。

山中：氏原先生は私より、一二歳上なんですよ。同じ巳年なんです。だから、僕が、先生を尊敬申し上げている、いろいろな理由の一つにね、一二歳も上というのは、実はすごい上なんだ。河合隼雄先生は、私から言えば一三歳上で、先生はご同期なんですけれどね、一二歳上で。

氏原：大塚さんは、僕より一歳下なんですよね。樋口さんが河合さんより一歳上なんですよ。そこらへんの人たちの世代がもう今終わろうとしているんですよね。

山中：だから、そういう意味ではね、その中で頑張って下さっているんで、その意味もあるんですが、その話も括弧に閉じます。ちょっとやぶ蛇になりそうだったので、閉じましてですね。先生ね、私はもう、ここからは勝手に振っていいですか？

氏原：もちろんいいですよ。

山中：私は先生の、あれは還暦の時だったんでしょうか［一九九〇年当時］、今から思うと、今八二歳でいらっしゃるから。

氏原：恥ずかしいね……。

山中：二二年前だったでしょうか、還暦のお祝いの時に、僕、大阪へ駆けつけた覚えがあるんですよ。

氏原：はいはいはい。

山中：大阪市大でしたっけ？

氏原：還暦は……。

山中：市大ですよね。

氏原：はいはいはい。

山中：最初の声が出てくるまでに、先生、二分半、絶句されて泣いてしまわれて。ねえ、自分が還暦を祝ってもらう歳になったという事自体が、云々、という話から始まったじゃないですか。

氏原：まあねえ。

山中：はい。

氏原：そうです。ふふふ……。

山中：いや、要するに、何が言いたいかというとね、すごい感激屋さんだし、すごく情熱家だし、すごいエネルギーを持っておられる先生なんです。だから、そんじょそこらの、さっきのお話にもちょっと出てきたようにですね、本物の臨床家が段々減ってきたし、数ばっかり作ってどないするんや、というお気持ちはとても分かるんですが。私の記憶の中に、先生のね、ま、これ言ってみれば、先生のひとつのね、この言葉を言えばすぐに氏原先生とイコールに出てくる言葉があるんですよ。それは、「お前ら、血反吐吐いとるんか！」と。「血反吐吐くまで、お前ら勉強したのか！」と。「実践、やっとるんか！」と。

氏原：はっはっは……。

山中：先生、仰ったじゃないですか。

氏原：まあ、言いましたけど。ふっふっふ……。

山中：そこらへんをちょっと聞かせて欲しいんです。此処の人たちにも、聞かせてやって欲しいんですよ。

氏原：いやー、……それはね……いや、僕はよく言う、いや言うとったんです、若い時には。「血反吐吐くまで頑張れ」って。そしたらねえ、「先生、吐きました」っていうやつが来たんですよ。

山中：はっはっは……。
氏原：で、慌てた事がある。ふっふっふ。
山中：それで？
氏原：いやあ、しかし身体を壊したらお終いやしねえ。だからまあ、言葉の綾です。だけど難しいねえ。僕はね、これ、本にも書いたことあるんだけれども、たとえば、二〇わかるでしょ？　二〇わかってきたら、一〇しかわからなかった時に比べて見えてなかった事が確かに見えてくる。だけど、二〇わかってきたらね、まだわかってない事が三〇もあるということが見えてくるんですよ。その三〇の内容はわからんのだ。でも、あるという事が見えてくる。だからやってもやっても切りが無いんですよ。そう思うわ。だからいつも言うんだけれども、前途はいつも洋々と開けておる、と。僕らの道は、やってもやってもとことんいけない。で、たとえば、河合先生なんかもよくそういう風に言ってはりました。「これからや」ってね。われわれが自分の可能性をどこまで実現できるかということは、最大限に実現したかどうかなんてとても計算できません。最大限に実現した奴だって、自分の可能性の一〇分の一くらいだろうと、僕はそう思います、それは。だから今まで、ユング派の翻訳もいくつかやったんですけれども、あの、高弟達の本を訳しながらどうも割り切れなかったのは、あの人たちは、もうなんか分かりきったような書き方をする人がおる。僕はフォン・フランツという女性の本を何冊かやったんですけど、これは凄い人らしいんだけども、ユングは自己実現、彼らはそれを individuation とかなんとかいうんだけど、その自己実現の、ユングは九八％ぐらい、われわれ高弟は八〇％ぐらいいってる、などといってる。僕は聞きかじりなんですけど、東洋の人たちは、自分のことはせいぜい一〇％ぐらいしかわからないんじゃないか、という考えをずーっと持ち続けてきてるんじゃないか、という感じがして仕方がない。だから、ユング派の人たちが、ユング先生はもう一〇〇％近くいってるなどと書いているのをみるとげんなりする。……フォン・フランツを訳しながらいつもこだわっていたのは、「ユング先生がそうおっしゃった」と言うたら、おしまいなんですよ。そんな馬鹿なことはないんだ。ユングは凄い人だと思いますよ。そりゃあ、フロイトも。だけど、やっぱり「まだまだ」って僕は思うなあ。うん。そう思えば、どうせユングも目くそ、こっちも鼻くそと思えるでしょうが。はっはっは。でも本当にそう思います。そう思いませんか？

そして、僕らはやっぱり聖書に書いてあるように知恵の実を食ったんですよ。で、自分を客体としてみることが出来るようになった。これはもう裂け目だ。この裂け目は埋まらない。だから非常に単純化した言い方かもしれません。山中先生をそばにおいて言うのは大変なんだけど、ねえ、人生って何やったって意味ないでしょ？　金とか地位とか名誉とか。そう思いませんか？　にもかかわらずそれにこだわるのが僕らなんですよ。だから、そのこだわりをどう生き抜くかっていうことでしょう。これ言い出すと演説になりますから言いませんけれども。つまり僕らは、ある種の葛藤というか、ある種の矛盾、つまり知恵の実を食ったということは、己を客体化することが出来るということです。そして己を客体化することが出来るということは、いつか自分が死ぬということを知って生きているんです。恐らく、これは人間だけなんですね。で、死んだらお終いでしょう？　そのへんはよくわかりませんけれども。地獄があるのか極楽があるのか。私は、あるとは絶対言えません。しかし無いとも言い切れない。だから、そりゃあわからんけれども、たぶん死んだらお終いなんじゃないかなあ。だから、万里の長城もエジプトのピラミッドも今や観光資源ですよ。

マイケル・ジャクソンという人は、自分の庭の端から端まで行くのに汽車に乗らんと行けないような大きな庭を造ったそうですけど、空しかったと思うねえ。恐らく僕らの人生、八〇%か九〇%ぐらいは金で買えると思いますけどねえ。しかし一番本質的なやつは買えないでしょう。それがある限り僕らから悩みはなくならない。だから僕らはカウンセリングという仕事で食いっぱぐれはありませんよ。その苦しみを免れることはありえないのだから。その葛藤にどれだけ苦しみ抜いているかということが多分、カウンセラーの条件だと私は思っています。だから、コンプレックスのないカウンセラーは絶対駄目。コンプレックスがあるから、同じコンプレックスを持って悩んでいる人が出てきた時に、「ああ、あんたも苦労しとるなあ」と思える。ところが、もし自分の中のそのコンプレックスに気がつかなかったら、「それがあるから駄目なんだ」と、つい言ってしまう。そのコンプレックスを克服しなけりゃだめだ、となる。しかし、僕らは、克服できないコンプレックスを持っているわけです。死ぬんですよ。死んだら多分、土に返るんじゃないかなあ。それで、河合先生の本にある年取った大工さんが、「私は死んだら、ご先祖様になるんだ」と言ってられた、ああ思えたら幸せだろうなあ、と書いてられたけどね。僕は、ご先祖様になれるから幸せだとは思えないなあ。うん、死んだらたぶん、消えるんじゃないかと思いますね。それだけ空しいですよ。その空しさをどう生きるかだ。信じられたら幸いです。まあ、この頃の臨死体験の本など読むと、あの世がある、と確信している人がいらっしゃるみたいだけど、僕はやっぱりちょっと……もうちょっといいですか?

山中：ええ、もちろんです。

氏原：あの……何とも言えないんですね。ただねえ、僕は死ぬのが今でも怖いんですよ。八二歳になってまだ怖い。だから、時々ぽっくり寺へお参りしようかと思ったりする。それを思うとね、死ぬ事自体を怖がっているんじゃあないような気がします。何が怖いのかっていうといくら考えてもよく分からんのだけどねえ。ただ、死ぬという事があるから、僕らはやっぱりいま、ここがかけがえの無い、いま・ここだと思えるんじゃないか。僕が大変好きな話で、本にも書いたり、よく喋ったりしているのですけれども、まあ、ちょっと、この場の雰囲気に浮かされて、また喋りたくなったんで言いますけどね、今から三〇年ぐらい前にね、ラジオを聞いとったんですよ。まだ、テレビの無い頃だったかなあ。

山中：テレビは、一九五二年からですから。

氏原：あったかな？

山中：もう、六〇年前から、ありました。

氏原：じゃあ、まだ買ってなかったかな、とにかくラジオでした。で、高校生の手記を作文で読む時間が、朝の六時ごろにあったんですかね。それをたまたま聞いたんだ。そしたらねえ、この子はね、もう死ぬという事を分かっているんです。入院中なんです。で、病院の庭を散歩しとった。そしたら、タンポポが咲いとったんです。そこでしゃがみこんでそのタンポポを見た。そしたらねえ、そのタンポポがね、花びらの一枚一枚が、まるで生命感に溢れて躍動してるというか、そういう感じを受けたんですよ。そして見つめておる自分がその時、やっぱり生きておる、自分の命、まさにタンポポと同じようにいま輝いているという実感を持てた、と書いてるんですねえ。そして、もしも間もなく死ぬことを分かってなかったら、こういうことは恐らく感じなかったろう、と。タンポポを見たからといってしゃがみこんでまで眺めることもしなかったろう、とね。間もなく死ぬということがあって、そしていまタンポポを見たときに、タンポポの花びらに触発されて、自分がいま、生きてるんだ、と、そういう充実感を感じた、という投書なんですよ。で、その時思ったんだけども、しかしこれ、病室に戻って、ま、個室か相部屋か知りませんけど、ベッドに転がって天井を見た時には、やっぱりこの歳で死ぬのは悔しい、と思ったんじゃないか。だけどやっぱり、間もなく死ぬというそのことがあるからこそ、いまこうして生きているこのことの素晴しさが初めて感じられる。死ぬという前提があって間もなく死ぬ、そのいま、タンポポを見て自分が感動している、そういう生きていることの意味ですね。間もなく死ぬんですよ。うん。そういうものは、そういう時初めて感じられるんじゃないか、ということを思いました。で、まあ、似たような話がいっぱいあります。例えば、シンガポールでね、上官の無実の罪を引っかぶって死刑になった戦犯の学徒兵がおるんです。彼が死刑執行の二日前にね、ご馳走がでたんかなあ。で、食って、食い物が喉を通って、食道を通って、胃袋に落ちこむ、食うということがこれほど素晴しいことかっていうことを書いとるんです。……ま、……そういうことです。……（絶句）

山中：やっと、氏原先生の真骨頂の部分に、触れる事が出来ました。氏原先生のいいところは、こういうところなのです。でも、それは、いつもいつもそれを振りかざしておられる訳ではないんですが、どこで、そこに至るか、というのは、氏原先生と長いこと接してきて、私なりにつかんだものです。河合先生も、実は同じなんです。河合先生も絶句して、講演の最中にもう絶句して、一〇分間喋らなくなってしまわれた、という事が、僕の経験の中で二回あります。それは、アスコーナのエラノス会議の時に、ご講演の最中だったんですけれど、片子の話だったんですけれどね。まあ、日本神話をどういう形で心理臨床に役立てるかとの、河合先生なりの理論の最中に、突然絶句された。今の氏原先生のと全く同じなんですけれどね、もちろんいろんな意味で、質的にも、いろんな所で違いがありましょうし、その引き金になる部分は違うんですが、その部分が、一番僕は大事なんで、前半にずーっとですね、縷々述べられたもの、私は大事ではないとは思わないですけれど、そこはもうね、恐らく活字にする時は、大幅に削ってもいいいと思ってる。だけど、今の部分は絶対、僕、ちゃんとね、はっきり活字にして伝えて、後進に伝えたいという風に私は思っているし、まだこれからもずっと生きて頂きたいと思っているんですが、時間がどんどん迫ってきてしまいましたのですね。その、ちょっと今ので終わってしまうというのも一つの手なんですけれど、先生はとても勉強家でいらっしゃるので、私なんかは先生に学びたい部分やなんか、いろいろあるんです。先生ね、例えば最近読まれた本とか、新聞でも何でもいいですけれど、なんか、ちょっと自分の心に触れたこういう記事があったとか、こういう本が面白かったよとか、二、三あげて頂く事は出来ませんか？

氏原：いやあ、僕は胡麻すりに思われるのはちょっと癪ですけどね、あの、岸本先生ってご存知でしょ？　癌の患者さんと仕事されてる。その岸本先生と山中先生が対談されてるんです、バウムのなんだったか、『バウムの臨床』か。あの本は、いいですよ。コッホの本もいいんですけどね、やっぱり読みにくいところがある。訳も流暢さがちょっと欠けるのか、元々の文章がごついのかも知れないと思いますけれども、ちょっと分かりにくい。だけどね、あの本はよう分かるね。いやあ、ご本人を前においてね、かっこ悪いけどね。

山中：その本のことが出てくるとは、僕、びっくりしましたけど。

氏原：あれは、いいですよ。

山中：せっかく言ってくださったから言うと、『バウムの臨床』という本と、先生が今褒めてくださった本とは、別の本です。先生が褒めてくださった本は、『コッホの「バウムテスト（第3版）」を読む』（創元社）という本で、『バウムの臨床』というのは、一〇人ほどで書いたものです。

氏原：あれは、もう一つやね。

山中：もう一つです。だから、ちゃんと、はっきり……。だけど、その本が出てくるとは、僕、思いも寄りませんでしたけど。はい、あれは、とても、私から言うと、先生が褒めてくだすったのは嬉しくて、あれは、最近では本当に熱を入れて語ったんですよ。書いたんじゃないんです。

氏原：あれを読まんとコッホの本……あれも出て良かったと思いますけれどもね、やっぱり、あの本読まれたらいいと思いますわ。で、やっぱり対談みたいなもんですが、私みたいに泣いたりせえへんからね。なかなか面白いっていうか、分かる。コッホは、ああ、そういう事だったのか、ってなことが本当に分かると思います。

山中：いやー、びっくりしました。ありがとうございます。時間が来てしまったんですが、本当ならね、もっと上手な時間の使い方をして、せっかくこれだけ集まって下すったので、フロアの方からいくつか質問を受けて、それに答えて頂くという形を取るべきだったかもしれませんが、もう最大限氏原先生に話して頂きました。氏原先生はこれから、クライエントに会うために帰られます。そうでなかったら、僕、先生に「ちょっとそれ、キャンセルしてください」と申し上げますが、ちょうど、此処へきてくれた武野君も、クライエントに会うための時間という形でですね、有限だったのに、今日も氏原先生、そういう事でお帰りになりますので。残念ながら時間が来ましたので、ここで閉じます。皆さん、どうも、本当に先生に感謝を込めてですね、もう一度、拍手をお願いしたいと思います。

（参加者、拍手）

山中康裕（やまなか・やすひろ）

一九四一年、愛知県生まれ。精神科医、臨床心理士、京都大学名誉教授。現在、京都ヘルメス研究所長。

初出一覧（一部加筆修正の上収録）

Ⅰ

第１章　『帝塚山学院大学大学院心理教育相談センター紀要』第七号、二〇一一年

第２章　『帝塚山学院大学大学院心理教育相談センター紀要』第六号、二〇一〇年

第３章　『帝塚山学院大学大学院心理教育相談センター紀要』第九号、二〇一三年

Ⅱ

第４章　『佛教大学臨床心理学研究紀要』一九号、二〇一四年（佛教大学教育講演〈二〇一三年一〇月一三日〉）

Ⅲ

第５章　『帝塚山学院大学大学院心理教育相談センター紀要』第一〇号、二〇一四年

第６章　「対談：氏原寛先生×山中康裕先生」『ヘルメス心理療法研究』第一五号、ヘルメス心理療法研究会、二〇一二年

著者略歴

氏原　寛（うじはら・ひろし）

1929年大阪府生まれ。元帝塚山学院大学教授。臨床心理士。著書に『心とは何か――カウンセリングと他ならぬ自分』（創元社，2012），『カウンセリング実践史』（誠信書房，2009），『ユングを読む』（ミネルヴァ書房，1999），訳書に A. ヤッフェ編『ユング――そのイメージとことば』（誠信書房，1995），M-L. フォン・フランツ『おとぎ話における悪』（人文書院，1981）など，多数。

JIMBUN SHOIN Printed in Japan
ISBN 978-4-409-34048-6 C3011

カウンセリングは専門職である

二〇一四年八月一〇日　初版第一刷発行
二〇一四年八月二〇日　初版第一刷発行

著者　氏原　寛
発行者　渡辺博史
発行所　人文書院
〒六一二-八四四七
京都市伏見区竹田西内畑町九
電話〇七五（六〇三）一三四四
振替〇一〇〇〇-八-一一〇三

印刷　㈱冨山房インターナショナル
製本　坂井製本所

http://www.jimbunshoin.co.jp/